| 目 录 |

书品

2015 年第四辑

（总第 150 辑）

主办单位：中华书局

主　编：周清华
副主编：尹　涛

编辑：《书品》编辑部

责任编辑：梁　彦
装帧设计：周　玉

邮编：100073
地址：北京市丰台区太平桥西里 38 号

编辑部电话：(010) 63319942
邮购部电话：(010) 63453762
传　真：(010) 63458226

印刷：北京瑞古冠中印刷厂

网址：www.zhbc.com.cn
电子信箱：shupin@zhbc.com.cn

定价：8 元

【编者按】：

　　2015 年 9 月 29 日上午，宋云彬古籍整理出版基金启动暨宋云彬旧藏书画捐拍启动仪式在中华书局举行。国家新闻出版广电总局、中国出版集团公司、中国嘉德国际拍卖有限公司、在京古联体成员单位领导，宋云彬先生家属代表，与中华书局全体员工共同见证了这一历史时刻。在仪式上，宋云彬先生家属正式委托中国嘉德国际拍卖有限公司将宋云彬先生旧藏书画进行拍卖，捐拍所得全部用于设立宋云彬古籍整理出版基金。这是国内首个民间筹资的古籍整理出版基金。

　　2015 年 11 月 15 日，中国嘉德 2015 秋拍"翰墨因缘——宋云彬旧藏书画"专场举行，全部拍卖所得共计 1600 余万元用于设立宋云彬古籍整理出版基金。除鼓励原创优质古籍整理作品出版外，还将奖励优秀古籍整理人才和成果。奖励对象既包括优秀古籍整理者，也包括从事古籍整理出版工作的编辑人员。

　　为此，《书品》编辑部于本期开辟"特别关注"栏目，对此事件进行详细报道，刊载中华书局总经理徐俊和宋云彬先生之孙宋京其在启动仪式上的发言，宋云彬先生家属的回忆文章，以及此次捐拍的宋云彬旧藏书画简介，以飨读者。

在宋云彬古籍整理出版基金启动仪式上的致辞

徐　俊

　　昨天下午在会场浏览布展中的书画作品，晚上又用两个小时的时间认真翻阅了《宋云彬旧藏书画图录》，除了艺术之美的感染之外，我内心一直在想：这些作品的主人宋云彬先生，与这些作品背后有怎样的交集，对宋先生一生起到了怎样的支撑？宋先生的精神世界是多么的丰富！其中有师友之谊，有乡邦之情，寄托了自己的情志、意愿和审美。我想象宋先生晴窗展读的欣喜愉悦，也想到当年暮的宋先生，看到这些心爱的字画遭到践踏时伤痛的心情。因此，翻完图录，我想这些书画所承载的时代命运、历史沧桑，是宋云彬先生丰富人生的非常重要的部分。我们称宋先生是一位坚定的爱国民主人士、文史学家、编辑家、文教战线的领导者，这都是就他一生的工作经历而言的，那不是宋先生丰富完整的人生，宋先生还是一位有着传统士大夫理想、修养和文人情怀的文人。我特别赞同宋京其先生文章里引述的一位先生所说：宋云彬先生历经磨难而保持乐观，最根本的还在于他是文化人，他有"书生报国唯肝胆"的情结，有"士为知己者死"的情怀，有"语不惊人死不休"的执着。

正是这些文人品格，才有他留给大家的刚正直言的《骨鲠集》，襟怀坦荡的"昨非庵"，"时还读我书"的"深柳读书堂"。

宋云彬先生 1958 年调入中华书局，就在 9 月 13 日"前四史点校及重绘杨守敬地图会议"召开的同一天，宋云彬从杭州举家抵京，以花甲之年开始漫长的"二十四史"整理工作，直到 1966 年"文革"爆发。从发凡起例到责编《史记》，点校《后汉书》，责编《晋书》及齐、梁、陈三书。因为"二十四

宋云彬

史"修订的缘故，我们从档案资料中，顾颉刚先生、王伯祥先生、宋云彬先生的日记和书信中，去了解、理解他们所做的工作，宋云彬先生以"右派分子"的戴罪之身每个月都要写思想汇报，检查自己、改造自己，上午劈柴炼钢，下午晚上标点《史记》，一年的时间完成了《史记》的编辑和出版，其思想压力和工作强度可想而知。因此，在中华书局百年局庆时我写有一篇关于宋云彬先生的文章，称之为"二十四史"点校责任编辑第一人，当之无愧。

中华书局成立 100 余年，1958 年的调整出版分工，形成了现在的出版品牌格局，金灿然、陈乃乾、徐调孚、宋云彬等一批老出版家，在塑造中华书局古籍整理出版品牌上具有开创之功，他们规划、编辑、出版的图书至今仍让学术界受益，中华书局受惠，这也是这些先生的照片，为什么会张贴在书局会议室荣誉墙的原因。

以上归集起来，就是我今天要表达的第一点，对我们的前辈、中

华书局的老编辑宋云彬先生致以深深的敬意。

其次，我要表达的是对宋云彬先生的后人，今天到会的宋京毅女士、宋京其先生、李平先生以及全体家属，致以敬意和谢意，感谢宋家后人对中华书局的信任。我与京其先生认识不到十个月，去年12月9日，我接到宋京其先生的短信，短信说："我叫宋京其，宋云彬是我祖父，您的文章《点校本二十四史责任编辑第一人》，用史料告知世人，祖父在二十四史点校中起的作用，让我们后人颇为感动。目前祖父的文集正在中华出版过程中，我想要你邮箱以便有事可以和你沟通。"一个月后，今年的元月11日，我收到了宋京其先生的邮件，邮件很长，我念其中一段，宋京其先生说："祖父宋云彬生前收藏了一些字画，经过'文革'期间抄家时的毁坏还留有一些，我一直精心保存着。作为后人，我们希望这些物品能够发挥它的最好作用，我们有一个设想，将这批字画拍卖后，拿出一千万人民币交给中华书局，成立以祖父命名的基金，来表彰出版界在古籍整理方面有突出成绩的人员。我们的目的是：一来有利于我国的古籍整理工作，二来也是使出版界古籍整理的后人能够记住祖父。""我这一生绝不会拿这些字画换钱了奢侈，然而我以后的情况是我不能掌控的，所以在我这辈一定把这批字画的事情办妥，才无愧宋家后人。"

后来我们相约去家里看字画，我临时有事没有去成，直到他们几位于今年4月2日来书局，与我们和嘉德做书画的交接，才见到宋京其等三位。那天在书局507会议室，谈到宋先生"文革"中的遭遇，也包括这批字画的遭遇，京其先生泣不成声，我们在座各位都深受感动。京其先生那天代表家属表达的意愿特别朴素简单，他说："祖父因为点校《史记》，放弃了自己的《史记集注》计划，我们希望用这笔钱支持大家来完成祖父的心愿。古籍整理非常清苦，基金就是要重奖整理者和编辑，祖父就是一个编辑。"宋家后人都是普普通通的知识分子，这样的决定不是所有人都能轻易做到的，其中有他们对祖父的挚爱，对祖父所从事的事业的理解，对古籍整理事业意义的认同。

期间，我们又就基金的设置、章程、宗旨、范围、评奖办法，及理事会、评委会等进行了多次沟通，达成了共识。宋云彬古籍整理出版基金的宗旨是：继承和发扬宋云彬先生致力古籍整理出版事业的高尚精神，鼓励人们从事中华优秀传统文化典籍的整理和出版。主要任务包括：(一) 弘扬中华优秀传统文化，推动古籍整理学科、古籍整理行业的发展；(二) 鼓励原创优质古籍整理作品出版；(三) 团结古籍整理人才，聚合人力和智力资源；(四) 奖励优秀古籍整理人才和优秀古籍整理成果；(五) 组织相关古籍整理业务交流活动。基金目前为私募留本基金，每两年评选奖励一次，范围为全国古籍整理行业，奖励对象为优秀古籍整理者、古籍整理作品和古籍整理编辑，奖励额度将大大超过出版政府奖的标准。

我们希望通过宋云彬古籍整理出版基金的设立和运行，使古籍整理事业更加向前推进，整理出版更多的精品力作。在拍卖工作完成后，我们会及时组织成立基金理事会、评委会，公布基金章程、评选办法，并开始第一届评选工作。基金将坚持公开、公正、公益的原则，不辜负宋云彬先生的名号，不辜负宋家后人的重托，让这项义举和善款发挥实际作用，推动古籍整理出版。

以上是我讲的第二点，对宋家后人的义举和信任，致以深深的敬意。

第三，要向中国嘉德国际拍卖有限公司总裁胡妍妍女士致以由衷敬意和感谢。嘉德接受宋云彬先生后人的委托，举行专场义拍，给予了最大的支持。中国嘉德是国内首家以中国文物艺术品为主的大型拍卖公司，享誉海内外。义拍的筹办和举行，体现了嘉德的文化品格和企业的社会责任。我相信在大家共同努力下，一定会拍出善价，拍出好的成效。也将藉此拍卖，让宋云彬古籍出版基金整理的影响力更加扩大。

另外，我还想借此机会，对中华同仁，尤其是我们的编辑同仁讲几句。百年局庆时我讲过一段话，后来每年新员工培训我也讲，我说：在一个悠久、优秀的传统中工作、生活，是幸运的、幸福的，我们是这个传统的一部分，我们承续传统，又为传统增添新的价值、新的色彩，因而也放大和延长了我们自身。我想，宋云彬先生就是我们优秀传统的一部分，今天又以另一种方式，将他毕生收集热爱的书画作品注入我们的传统当中，去激励新一代的中华人，出版更多更好的古籍精品，激励更多的古籍整理新人的成长。基金虽然是面向全国的，但希望每一届都有我们中华人能够获得大奖，获得更多的奖项，让宋云彬先生的精神在中华书局延续和光大。

最后，要感谢总局、集团领导的支持，感谢各位专家、学者的响应，感谢各位古籍社同行的参与，在接下来的理事会、评委会组织以及评审、评选过程中，还需要大家大力支持、配合，让宋云彬古籍整理出版基金，这个国内第一个民间筹资的古籍出版基金及时启动，并越办越好。

字画不在，"骨"还在
——在宋云彬古籍整理出版基金启动仪式上的发言

宋京其

关于我祖父宋云彬旧藏书画，在"文革"中的遭遇和之后的保存历程，无疑是惊险曲折的。

1966年8月18日晚间，中华书局红卫兵一伙到祖父住处批斗、抄家，命两位老人跪搓衣板，并剃阴阳头。同时将祖父所藏字画、折扇、书籍等撕扯，遍地抛掷、践踏（今存奚冈《石湖记游图》上有许多脚印，即当时所为）。劫后，祖父将残存的，还有保留价值的字画重新收拾，另为珍藏。

1979年4月，祖父逝世后，此批书画就由我保存。1980年经夏衍先生指示，由三联书店出版《宋云彬杂文集》，我和父亲在与三联书店范用先生接洽时，范用先生专门问起祖父所收藏章太炎先生的七言对等书画，称其史料价值甚至超过艺术价值，听闻此批书画犹在，特意叮嘱我要妥善保存。同年9月，我离京赴合肥上学，翠微路家里便无人居住。临行前，我将这批字画取出，寄存到朋友家中，留下的只是画册、木板水印画等。而就在这一年12月，家中便有盗贼光顾，专门撬开存放字画的箱子，盗走画册与木板水印画。

俗话说："不怕贼偷，就怕贼惦记。"经此之后，我更是不敢将字画存放在自己家，而是辗转存放在三个朋友和亲属处，直到 2000 年搬入安保措施较好的新居，才将之取回。

祖父日记里记载过的有些字画，可能已经毁于被抄家的那个夜晚（如有黄宾虹题"敦煌隋大业高僧智果功德画"签条一件，但原画已不知去向）；而现存中有些扇面被撕裂，有些字画被踩踏，也都成为了那个疯狂年代最触目惊心的见证。

此次展出的还有一些祖父友朋的书札，据祖父日记记载，他一生所收友朋书札，数量颇为可观。"文革"期间，书札在抄家时被抄走，按照抄家者在书札上留下的编号，抄走的应该在六百通左右，"文革"后归还的只有近一百通而已，也只是劫后残余了。

1994 年 9 月，父亲指示由我将祖父的日记和部分信札等捐赠给家乡海宁档案馆，祖父的日记首先是部分刊登在《新文学史料》1999 年的第 4 期，和 2000 年的 1、2、3、4 期上，2002 年山西人民出版社出版了由海宁市编辑整理的祖父日记，引起业内关注，出现许多考证、评论祖父生平及遭遇的文章，且有众多的鸣不平。今年 2 月中华书局出版了由海宁市编辑整理的《宋云彬文集》（五卷本）。我们对家乡海宁怀有深深的敬意。

但是对于这批字画的处置，直到我父亲过世都没有一个定案，如何让这批字画能够发挥它最好的社会作用，一直萦绕在我头脑之中。

1957 年"反右"之后，祖父所擅长和喜爱的杂文不能写了，祖父就把他的工作重心移到相对安全的古籍整理上，这也是他热爱和胜任的，他拟了编纂《史记集注》计划，打印 60 份，在 1958 年 2 月交一份给戏称与他姓氏合在一起就是"宋江"的浙江省委书记江华，剩下分送他在北京等地的好友，征求意见，恰逢毛主席指示点校"二十四史"，祖父就在周总理的关怀下被调到北京中华书局，开始了他晚年从事古籍整理出版的工作，实践了他的计划，而且为古籍整理出版奉献了他晚年美好的时光，然而由于"文革"等原因，计划未能完成。

为了继续祖父这个未竟的事业，我和姐姐、表哥商定把这批字画进行拍卖，拍卖所得全部无偿捐出，用以设立宋云彬古籍整理出版基金，交由中华书局主持，作为表彰在古籍整理和出版工作中有突出贡献者之用途，企盼我国的古籍整理出版工作得以继续和发扬光大，也使工作在古籍整理出版岗位的后人，记住曾经有祖父这样一位前辈，同时我们也希望通过这一举动，使我们这些握有先人藏品的后人，能够让这些藏品发挥最佳的作用，既对得起先人，也对得起社会。

在履行拍卖和设立基金的法律程序中，我们得到了家人的全力支持，在这里我要特别感谢我那已故表姐的后人、即我的表外甥向云和他的侄子向威汉，你们不愧为我国著名历史学家、敦煌学家向达先生的后人，不愧为宋云彬的后人。

今年4月2日，我们在中华书局与中国嘉德国际拍卖有限公司签约，委托该公司将这批字画举行专场义拍，并当场完成了字画的移交。从祖父逝世至今，已经过去了36年，当交出这批字画时，我突然有种如释重负的感觉，然而随着时间的推移，每当我看到家里存放字画的那只空箱子时，顿生一股股的凄楚，后来嘉德送回折扇的扇骨，王湜华先生安慰我说，字画不在，"骨"还在。确实，骨还在，祖父的精神还在，我们继承的就是祖父的"骨"，祖父的精神。

中华书局俞国林先生等，日以继夜，爬梳载籍，对这些书画做了

（下转第23页）

永远的怀念：回忆我们的祖父宋云彬

宋京毅 宋京其

　　我们的祖父宋云彬，离开我们已经三十六年了。家乡海宁市档案局出版《宋云彬文集》，我们参与了文稿的收集和校对工作，使我们第一次能够这样全面、完整、系统、真实地了解祖父，以及他的信仰、思想、主张——他喜欢什么、憎恶什么，他的性格爱好，他广泛交友的原则和风格，还有他对家人的态度。

　　和祖父在一起的日子又一幕幕地浮现在眼前，感慨万端，难以忘怀。随着我们的成长和成熟，我们对祖父坎坷的一生和祖父的品德及学术上的造诣有了更深刻的了解。我们感觉到祖父留给我们的无论是他的文字，还是他的人品，以及他犀利的笔锋和渊博的学识，今天已经得到社会的尊重、认可和称颂，这是对祖父最大的慰藉。希望这些文字能够对关注他和那段历史的人们有所帮助，对社会有所贡献，这是祖父的心愿，也是我们的责任。

　　祖父幼年上学不多，用他自己的话说"中学未毕业"，但他一生刻苦自学，孜孜以求，笔耕不辍，成就为著名的文史学家、作家、编辑和教授。他的这种勤奋好学、自强不息的精神特别值得我们晚辈学习和继承。

祖父热爱祖国，追求民主进步，在"五四"运动新文化新思想的影响下，24 岁的祖父离开家乡浙江海宁硖石，来到杭州，从这里踏上了一生追随中国共产党从事进步文化事业的路程。

1921 年 11 月起，先后任《杭州报》《浙江民报》和《新浙江报》编辑、主笔。

1924 年 8 月，在安体仁、宣中华介绍下加入中国共产党。

1925 年底参与组织了有名的"硖石东山会议"和在全国最早通电反对国民党右派的"西山会议"。

1926 年春，任上海国民通讯社社长。同年秋，到广州黄埔军校任政治部编纂股长，编辑《黄埔日报》，与恽代英、萧楚女同事，并结识了周恩来同志。

1927 年蒋介石发动"四·一二"政变后，祖父受到反动派通缉（189 人名单），从广州到了武汉，任武汉《民国日报》编辑，兼任武汉国民政府劳工部的秘书。继而汪精卫发动"七·一五"政变，第一次国共合作失败，蒋汪合流，屠杀共产党人，祖父亦被列入通缉名单（60 人名单），他从武汉逃往上海，从此与共产党组织失去联系。祖父先在上海的商务印书馆担任馆外编辑，做《资治通鉴》的选注工作，后又为开明书店做《开明活页文选》的选题和注解工作，1930 年 12 月正式进入开明书店，主持完成了《辞通》的编辑校订工作，参加了《中学生》杂志的编辑工作，参与编写《开明国文讲义》和《开明历史讲义》。

抗战爆发后，祖父和许多文化人士从上海到武汉，参加以郭沫若为首的武汉军委政治部第三厅的抗日文化宣传工作。武汉沦陷后，他从武汉到桂林，与胡愈之等进步文化人士创办了文化供应社，任出版部主任，

1938 年 8 月摄于武汉，宋云彬时在军委会政治部第三厅作抗日宣传工作。

还在桂林师范学院任教，并与夏衍、聂绀弩等人编辑《野草》杂志。

1944 年，日军进攻桂林，他从桂林辗转到了贵阳、重庆。经周恩来同意，去昆明任英国心理作战部顾问。

1945 年 6 月，祖父加入中国民主同盟。抗战胜利后，祖父曾在重庆主编民盟的《民主生活》周刊。

1947 年赴香港，任文化供应社总编辑，并主编《文汇报》的《青年周刊》，又在达德学院任教，同时为上海书店编写南洋华侨中学的语文教科书。

新中国成立前，祖父作为文化人始终为反帝、反封建、争取民主进步事业而不懈努力着。

1949 年初，中共中央统战部邀请一批在香港的民主人士到北京工作。3 月，祖父和陈叔通、郑振铎、叶圣陶等数十人由香港北上。9 月出席了第一届中国人民政治协商会议，见证了中华人民共和国的成立。此时的祖父踌躇满怀地要为新中国的建设大展宏图，这一点可以从 1949 年 4 月他给尚在香港家人的信中得到见证："我从前常常对你们说，等到革命成功，建设开始，我们要过几年艰苦的生活了。我这句话一点也没有错。从今天起我们必须把生活水准降低，能吃苦，能耐劳，不自满，不骄傲，这才配做新民主主义国家的国民。这些话都不是'八股'，你们将来亲自看见种种情形，就会领悟。"祖父还要求家人加紧看书学习，做好参与新中国建设的准备。

1948 年宋云彬与夫人孙秀珍在香港汉口道寓所阳台留影。

新中国成立了，也就是祖父所说的"革命成功"了，他放弃当时香港相对优越的生活条件，带领家人全身心地投入到新中国的建设中。他先后在北京的出版总署、人民教育出版社参加教科书的编辑出版工作，1951 年调到杭州，任浙江省人民政府委员、省政协副主席、省文联主席等多项职务。1954 年被选为第一届全国人大代表。

祖父是一个书生气十足的文化人，生性耿直，做事襟怀坦荡，遇有不同意见说话直言不讳，在 1957 年的整风运动中他首批被划为"右派"，当时批判他的主要观点和言论有：提倡"内行领导外行"，强调领导干部要有文化，有专业知识；拥护党的"双白"方针，主张"创作自由"，繁荣文艺创作；呼吁保护文物，倡导"精神文明"；反对"党政不分"、"以党代政"的做法等等。祖父一直认为自己和党肝胆相照、荣辱与共，没有想到这些工作中的肺腑之言竟能使他跌入反党反社会主义阵营。那年祖父 60 岁，从此开始了他人生的另一段经历。

　　戴上"右派"帽子的祖父并没有倒下，而是发挥自己的专长，潜心研究整理古籍。他早有编纂《史记集注》的想法，写了《编纂〈史记集注〉计划》，得到有关方面的重视，恰逢此时毛主席指示点校"二十四史"，1958年，在周总理的关心下，祖父被调到北京中华书局，参与"二十四史"

1955年宋云彬与马一浮等先生合影。

的点校工作，期间还兼任北京大学教授，讲授《史记》专题课。1960年10月，祖父摘去"右派"帽子。

　　从1958年调到北京，至"文革"开始的这段时间，祖父沉浸在实实在在的工作中，废寝忘食，乐此不疲，不计名利。点校本"二十四史"的发凡起例和"前四史"的标点出版工作，他都是提出者、组织者和参与者，事无巨细，做了大量工作，堪称"当之无愧的点校本《二十四史》责任编辑第一人（徐俊《宋云彬——点校本〈二十四史〉责任编辑第一人》）"，也正如钱伯城所评论的："如果没有宋云彬以他的编辑与学者双重身份（缺一不可）的参加，也就没有现在点校本'二十四史'的成功。"可用"厥功伟矣"给予评价。但是1959年标点本《史记》出版时未提祖父名字，他的"右派"身份使他的辛勤付出和成绩得不到应有的认可和尊重。

祖父之所以能够坦然面对降级、降薪和政治上的歧视，积极投入新的工作，我们赞同以下几篇文章的观点：

> 宋云彬的乐观，不是没有缘由的。一是他早年曾是共产党的一员。二是在反独裁、争民主的斗争中，他一向坚定不移地站在共产党一边的。三是新中国建立以来，共产党对他可说"不薄"：他不仅是受人尊敬的高级民主人士，并且是行政九级的高级干部。派到浙江省工作以后，他更是身兼数职，不仅是周恩来总理亲自任命的浙江省政府文教委员会副主任，又是省民盟的副主任委员，省文联主席并兼省文管会主任。……当然，宋云彬积极投入的原因，最根本的还在于他是文化人，既有'书生报国唯肝胆'的情结，也有"士为知己者死"的情怀。而且发言多少还带有一种"语不惊人誓不休"的文人迂腐。（萧然 虞坤林《冷眼红尘宋云彬》）

> 从此，浙江少了一个"大官"，中国多了一个"学者"。他所点校的《二十四史》，以见地的深刻，注脚的独到，奠定了他在古籍研究领域的地位。而这种以艰辛和严谨的治学所获得的学术地位，既不是一作秀便可一夜成名的，也不是一张十六开纸可以取予的，所以直至今日，宋先生在文史界仍是鼎鼎大名的。（沙牧《点校宋云彬——我说宋云彬》，新华副刊）

还有值得一提的是，祖父的好友许志行 1957 年 6 月 20 日在北京见毛主席，谈到他正受批判的好友宋云彬时，毛主席称宋云彬的言论是"书生之见"。第二天下午，许老即去看望正在北京开会的祖父，将与毛主席谈话情况详尽叙述。"书生之见"一说虽无从考证，但是我们亲耳听到祖母挂在嘴边念叨，似乎一直在安抚着家人受伤的心灵。此外，周总理"反右"后见到祖父时曾多次握手交谈，"态度诚恳，语重心长，令人感奋"（源自祖父日记 1959 年 5 月 1 日）；以及祖父对大革命时期时相过从、且一生敬仰的共产党员恽代英、萧楚女、安体诚、宣中华等先烈的杰出人品所怀有的情感，这些都支撑着他努力地剖析自己、检讨自己，试图跟上党的步伐。

1966 年"文化大革命"开始了，那年祖父 69 岁，"摘帽右派"身份的祖父再次被批判、被剥夺了工作的权利，身体和精神上所受的摧残，使他几乎崩溃。1966 年 8 月一天的傍晚，"造反派"到家里抄家，将书籍字画撕扯扔得满地，让两位老人跪搓板，冷热水交替冲头，说祖父是"反动学术权威"、"大右派"，把祖母的头发剃成阴阳头，拳头巴掌打在祖父的胸前、脸上。洗劫之后，不堪忍受如此凌辱的祖父对祖母说："两个人一起死了吧。"这时的祖母头脑相当清醒，坚定地说："这样不明不白地死了，如何向儿女和亲友们交代。"当孙女京毅第二天从学校到祖父家去时，大门紧闭敲不开，从窗户望进去各个房间的房门紧闭，贴着封条，地上一片狼藉，情急之中打开后屋的窗户跳进去，见祖父祖母两人蜷缩在一张单人床上瑟瑟发抖，以为"造反派"又来了，京毅看到祖父的衬衫被撕破，胸前留下明显的血印。就是在这种遭受人格侮辱，以及"反右"以来饱尝种种人间冷暖、世态炎凉的情况下，祖父从来没有在我们面前讲过一句抱怨的话，自己默默地承受着一切，反而教导我们要听党的话，鼓励我们积极上进，他曾拿出自己摘"右派"帽子那天写的日记，分析自己犯错误的原因，提醒我们要汲取前辈的教训，要跟党走。更让我们每每想起就心酸落泪的是："文革"中，当祖父知道我们在学校因家庭问题而受歧视、被骂成"狗崽子"时，非常痛心地唤着我们的名字说："爹爹（海宁方言称祖父为爹爹）对不起你啊！"今天我们再来回味这句话，可以看出祖父有着极强的社会责任感，不管他内心有着怎样的痛苦，忍受着怎样的煎熬，他在我们后辈面前表现出来的是自律。祖父是我们的榜样、是我们的楷模！

1969 年 12 月，祖父在京其的陪同下"疏散"至湖北咸宁文化部五七干校，那年祖父 72 岁。京其看到祖父和傅彬然、马非百一起挑粪，马非百负责舀粪，祖父和傅彬然抬粪。傅彬然个子矮，祖父个子高，抬粪桶时，为了避免粪桶滑向低处，个子高的祖父还要用手拉住些粪桶。三位 70 岁开外的老人，两位一高一矮地抬着粪桶，另一位拿着粪勺相随，蹒跚走在初冬时节的向阳湖五七干校的乡间路上。1970 年 1 月，京其被要求离开干校，祖孙告别在向阳湖畔，京其走出很远很远，回头望去，祖父模糊的身影还伫立在那里。这些情景至今还深深地印在我们的脑海中，挥之不去。当年 8 月，祖父回京探望祖母病情时，被查出患了黄疸型肝炎，就此没有再回干校。

1978 年 2 月，祖父作为特邀委员参加第五届全国政协第一次会议（祖父是全国政协第三、四、五届的特邀委员），这是他最后一次形式上参加的国家政治活动，由于走路有困难，由京其陪伴。在人民大会堂开大会时，用轮椅推入、送出，开小会就不参加了。期间来看他的人很多，祖父尽管和他（她）们交谈不多，但很是高兴。当只有祖孙两人时，祖父总是不停地要京其讲点"外面的事情"，讲了一遍，还要再讲一遍。祖父内心依旧如故，关心着外界一切感兴趣的事件和话题。

1979 年 2 月，浙统（79）第 30 号文件称："米云彬先生在 1957 年整风反右期间，提过一些正确的意见，也讲过一些错话，但不是在根本立场上反党反社会主义，属于错划，经中共浙江省委会 1979 年 2 月 7 日省委发 [1979] 15 号文件批准，予以改正，恢复名誉，恢复原行政（9 级）工资。"京其拿着一纸改正抄件在祖父的病榻前连续念了几遍，祖父拿过这张纸注视了许久，然后眼睛看着京其说道："哦，改正了，就是字写错了，拿橡皮擦一擦，改正了。"脸上露出一丝惨淡的苦笑，随即不再对此有任何评价。历史就是这样和祖父开了个大大的玩笑，尽管此时他已经话语不多，然而头脑清晰，对"右派改正"能说出如此寓意深刻、入木三分的评价，仍不失当年的风趣、幽默、睿智，甚至是尖刻。祖父的这一丝苦笑也永远地定格在我们对他的记忆中。两个月之后，祖父过世了，享年82岁。躺在病榻上的祖父曾跟家人说，他"心中有三扇门紧闭着打不开"，他是带着这三扇打不开的门离开的。

祖父热爱生活，兴趣爱好广泛，喜欢字画、端砚、围棋、昆曲，甚至中医，字写得工整漂亮。

我们记忆中的祖父是一位温文儒雅的长者，戴着眼镜，叼着烟斗，有时拄着拐杖，走路四平八稳，说话娓娓道来、风趣幽默、笑容可掬，高兴时会哼唱几段昆曲，他喜欢赤脚带我们在院子里种花、植草、养鱼，喜欢养金铃子、叫蝈蝈，我们生病的时候会开中药方子祛病，他也很注意锻炼身体，游泳、洗冷水澡、做体操等等。

祖父喜欢饮酒和美食，乐在其中地交友和天南地北地畅谈，亦狂亦侠亦温文。

祖父还堪称"顾家暖男"，解放前颠沛流离的生活使他渴望天伦之乐。与家人分离的时候祖父勤于家书，每个细节都会引起他由衷的快乐，京毅刚刚上小学，一次在给他写信封时，把名字云彬写成了彬云，祖父在日记里这样记载："稚气十足，可爱也。"在祖父的家书中还可以看到这样的话："阿阶、阿平（我们的表姐和表哥），你们两个小宝贝为什么不写信给爹爹？"他总是嘱咐家人："写得短点倒不妨，只要多来信。"1959年全家团聚在北京了，几乎每到周末，三家（祖父、父亲、姑母）十个人都要聚在祖父家里，吃着祖母烹制的美味佳肴、谈工作、话生活、聊见闻，其乐融融，让我们终身难忘。

如今我们也年过花甲，回首往事，扪心自问：我们努力过，我们奋斗过，我们吃苦过，我们也幸福过。

祖父是中国千千万万个知识分子中的一员，让我们为他们对祖国进步事业所做出的努力和贡献，永远地怀念他们、尊重他们、继承他们。

（上接第13页）

大量考证、对照工作，使得说明文字读起来犹如精彩的故事，一气呵成，且使我浮想联翩，热泪充盈。没有诸位先生的发掘，这批字画或许就得沉没下去，得不到今天的解读。

人的一生空手而来，空手而去，我们从社会得到的，最终要回归于社会。作为宋云彬后人，宋云彬古籍整理出版基金的成立，使我们对财富的回归有了一个最佳的去处，所以对宋云彬古籍整理出版基金的这次捐助，只是第一次，只是开始。

宋云彬旧藏书画简介

个　厂

一、书画之来源

此批书画之来源，一则为他人赠送，一则为自己购买。

其中保存最早的一件获赠品是黄起凤的《王维诗意图》，题识曰："山路原无雨，空翠湿人衣。庚申十二月，写赠行彬仁兄有道教之。晓汀黄起凤，时客鹃湖。"按，庚申年十一月廿三为 1921 年元旦，则十二月已入 1921 年矣。又按，"行彬"即"云彬"，吴语云、行音近。其次为经亨颐的《寿桃竹石图》，题识曰："云彬先生三十寿。十五年十月，颐渊画桃，时同在广州。"按，1926 年 10 月，宋氏任职黄埔军校，经氏任中山大学校长。再其次是同里姻戚张宗祥的《草书陶渊明饮酒诗》，题识曰："云彬姻叔以墨相赠，出纸索书。因为录陶诗数章。戊辰六月大暑后三日，张宗祥。"按，戊辰为 1928 年。

除上述三件，以及 1944 年何香凝《劲松寒菊图》与柳亚子《纪事诗卷》、1951 年何遂《留云厂图》、1959 年陈半丁《黄花故人图》、1961 年张宗祥《深柳读书堂图》、1966 年沈尹默对联立轴等数件外，其馀获赠书画，大都是任职浙江时期所得，如黄宾虹、马一浮、任铭善、吴湖帆、俞平伯、陆小曼、钱镜塘等所赠作品，皆甚精善。

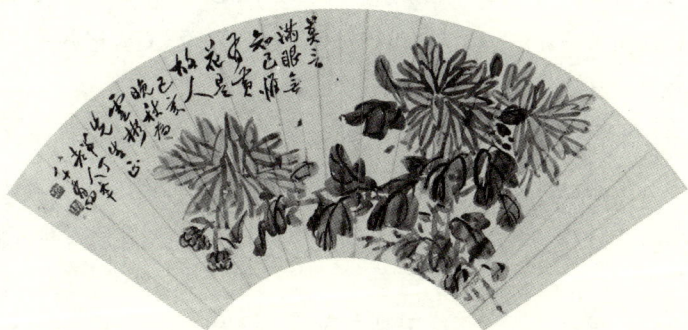

　　自 1957 年被打成"右派"之后的二十餘年间，今留存有系年之书画仅两件。一为 1959 年深秋，陈半丁所赠《黄花故人图》扇面，上题"莫言满眼无知己，惟有黄花是故人"，寓意深远。按，是年 5 月 29 日，宋氏赴赵登禹路政协礼堂参加学习会，会间休息之际，"陈半丁殷勤问余近来身体何如"，故有是作。另一件是 1961 年 11 月张宗祥绘赠《深柳读书堂图》。其他未署年月者，据日记可知，有 1961 年 5 月 17 日得溥雪斋所写扇面，1962 年 5 月 13 日得丁裕长所赠马一浮字（今存节录《行书沈约郊居赋》立轴，无上款，丁氏所赠者当是此件）。沈尹默作品两件，宋氏之初见沈氏在 1962 年 4 月 11 日，丰子恺 1966 年 6 月 5 日致宋云彬函有"弟已函告尹默先生，并代为敦促墨宝，想不日有复寄上"云，似是宋云彬请丰子恺出面为自己所求者，其时宋氏 70 岁。所存两件，一对联，一立轴，皆署上款，其对联尤精，实为沈氏不可多得之佳构。

　　除得友朋赠送之外，宋云彬也偶尔购藏清代与民国间人物的书画作品。只因其妻一向反对其购买金石书画，认为是"无用之物"，故宋氏极少买大件。1952 年 4 月 27 日记："晚邀张惠衣来看程姓送来之书画，大都赝品，仅张子祥画及翁同龢书扇面是真迹，然亦不值钱也。"今翁同龢所书扇面尚存。

1955年11月，宋云彬在张宗祥鼓动之下，以二百元巨资购金农《冬心墨妙册页》、施养浩《橅黄鹤山樵村舍图卷》、奚冈《石湖记游图》三件，应该算是"豪举"了。

其馀如吕焕成、蒋宝龄、王杰、张廷济、王懿荣、金恭仁、任熊、任预、任伯年、王礼、胡义赞、顾澐、吴昌硕、郑文焯、朱偁、蒲华、贺良朴、顾鹤逸、汪诒书、吕多保、陈曾寿等的作品，估计也是这段时间所购的。

二、书画之内容与价值

此批书画内容丰富，名家云集，其清代诸件，流传有序，又经藏家赏鉴，颇多可观；友朋所赠者，大都精美，且多故事，足资考索。兹选取数件，稍作勾勒。

金农《冬心墨妙册页》

　　此册页计四帧，水墨绢本，楠木夹板。阮性山题"冬心先生墨妙。馀杭章氏劲寓珍藏"，赵叔孺题"冬心墨妙。鸣鹤草堂主人珍藏"，曾经赵光、金传声、章劲宇递藏。

　　第一帧春笋，题识曰："夜打春雷第一声，满山新笋玉棱棱。买来配煮花猪肉，不问厨娘问老僧。百二砚田富翁画并题。"钤印：金吉金印、稽留山民。鉴藏印：赵光之印、叔孺审定、砚水生春、松蘦室、章劲宇所得杭郡名人书画印。

　　第二帧棕榈，题识曰："宝树具妙相，香界围一林。大叶若坏衲，纷披何萧森。林中僧未归，谁向石坞寻。负此念佛鸟，清昼连夕阴。寿门金吉金画并题。"钤印：生于丁卯、冬心先生。

　　第三帧菖蒲，题识一曰："四月十六，菖蒲生日也，余屑古墨一螺，乃为写真，并作难老之诗称其寿云。蒲郎蒲郎须发古，四月楚天青可数。红兰遮户尚吐花，紫桐翻阶正垂乳。写真特为祝长生，一醆清泉当清醑。行年七十老未娶，南山之下石家女，与郎作合好眉妩。百二砚田富翁金

农画。"二曰："越夕又成二十八字，戏代菖蒲作答，亦解嘲之意也。此生不爱结新婚，乱发蓬头老瓦盆。莫道无人充供养，眼前香草是儿孙。农。"钤印：冬心先生、金吉金印。

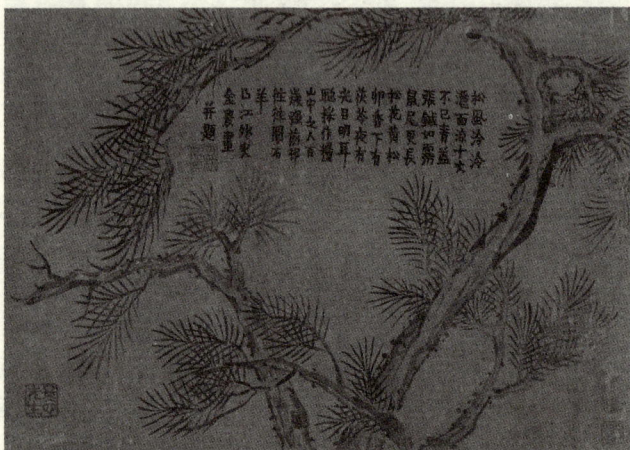

第四帧松树，题识曰："松风泠泠洒面凉，十丈不已青盖张，针如灵鼠尾更长。松花黄，松卵香，下有茯苓夜有光，目明耳聪采作粮。山中之人百岁强，前村往往闻石羊。曲江外史金农画并题。"钤印：古杭金由、冬心先生。鉴藏印：秀水金兰坡搜索金石书画、金传声。

按，金农（1687～1763），扬州八怪之首。擅画竹、梅、鞍马、佛像、人物、山水，造型奇古。善用淡墨干笔作花卉小品，古雅拙朴，凝练厚重。

施养浩《橅黄鹤山樵村舍图卷》

施养浩（1718～？），字静波，号茗柯，又号西髯，钱塘（今杭州）人。工书，能山水。著有《友梅阁诗》《涵晖集》《出塞入塞诗》等。

此幅《橅黄鹤山樵村舍图卷》，据题识"乾隆乙亥长夏寓燕台之颖园"，则作于乾隆二十年乙亥（1755）。卷头有刘戌厂1950年所题签条。此件曾经朱潜（字稚臣）收藏，前有朱麐书1926年所题"黄鹤真谛"引首。

卷末有梁同书、潘飞声跋，前者将此卷之创作与流传，以及施氏之情况交代较为清楚，录如下：

> 茗柯同年甲戌下第后，馆于京师范氏之颖园，与余寓令较近，时相过从。一日家乡寄至黄鹤山樵卷一，邀其同赏，叹为精绝，乞

依样橅一本，欣然许诺。越数日，挟卷来曰："动笔方知古人真不
可及，貌虽似，而神则非矣。"茗柯固自道，亦个中人见到语也。
即付名手徐翁装之，藏箧中，自北而南，久不记省。盖不觉忽忽
垂五十年，不知何时失去，辗转归于小年十兄处。小年亦不知也，
会属余跋数语于尾，一展卷，如见我故人，掀髯落笔时，而锦褾
犹新，宰木已拱，不能无今昔之感焉。小年固请还璧，余不谓然。
茗柯科名蹭蹬，中年才得一官，遽见颠蹶，及归来塞上，已迫桑榆。
翰墨流传绝少，此卷为鉴家所得，不至零落它所，幸也！况小年
与茗柯至戚，而余复衰老，不堪把玩，又安知不为蛛丝煤尾所辱，
存此一重公案，为村舍图增一胜赏，岂不媺欤？余故为识其款末
而归之。嘉庆三年戊午腊月十二日雪后微冻，山舟梁同书书，时
年七十有六。

后者谓"此卷书画精绝"，故"为赋长句题尾"，诗曰：

> 谁仿山樵村居图，空中黄鹤犹翔舒。铜盘炽炭添榾柮，煮茶温
> 酒寒可肤。四山草木尽坚瘦，村翁觅句行徐徐。门前翠竹每自洗，
> 屋背青山时可呼。图画通灵夜濯出，世人争怪顾氏厨。延津神剑偶
> 一见，赵璧返楗光夺矑。山舟老子懒成癖，停云话旧增叹吁。画里
> 沧桑刹那耳，展卷如过黄公垆。苍虹贯月倍生色，我欲携登江上舻。

钱杜《墨梅图》
钱杜（1764～1845），字叔美，号松壶小隐、松壶、壶公，钱塘（今
杭州）人。嘉庆五年庚申（1800）进士，官主事。好游，一生遍历云南、
四川、湖北、河南、河北、山西等地。

此件卷头有石园居士张克和所题"钱叔美墨梅真迹精品"签条。四边有应时良、沈傅洙、孙元培、醒迷禅山人题诗。系钱杜为崇德蔡锡琳所绘，据其题识曰："虚斋净无尘，寂历如太古。支起读书窗，静玩寒梅吐。 旭日暖烘门，香到乌皮几。数点着横枝，春风吹不已。此道光戊戌春为笑拈主人题数点梅花室图句也。辛丑秋八月，书来属余写墨梅一帧，并索书旧作于画左。秋雨中在小裴回楼，钱杜题记。"钤印：履无咎斋、壶公、松壶先生、钱杜印信。辛丑为道光二十一年（1841）。

此件曾经潘博山、钱镜塘递藏，鉴藏印有：杨凤冈博山鉴定书画、博山心赏、海昌钱镜塘藏。

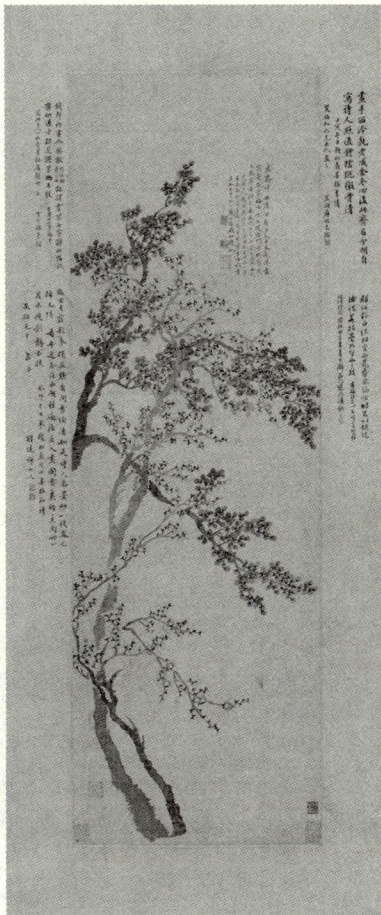

何香凝《劲松寒菊图》

此件何香凝先生 1944 年春作于桂林。

上有柳亚子题诗一首，收入《磨剑室诗词集》题作《廖夫人绘松菊为云彬题》，时间是 2 月 28 日，据此也可知《劲松寒菊图》所作之大概时间。诗曰：

> 石室儿郎炼胆薪，周嫠恤纬费吟呻。劲松寒菊依然好，历尽
> 风霜便早春。

第一句用越王勾践故事，以喻励志图强之意。"石室"指监狱，"儿郎"指廖承志，"炼胆薪"即卧薪尝胆。第二句用"嫠不恤纬"典故，语本《左传》昭公二十四年："嫠不恤其纬，而忧宋国之陨，为将及焉。"意谓寡妇不怕纬纱稀少，织不成布，只怕亡国，祸及于己。何香凝丈夫廖仲恺卒于 1925 年。二句用事颇为贴切。

及至 1955 年五一节，宋云彬自题边跋曰：

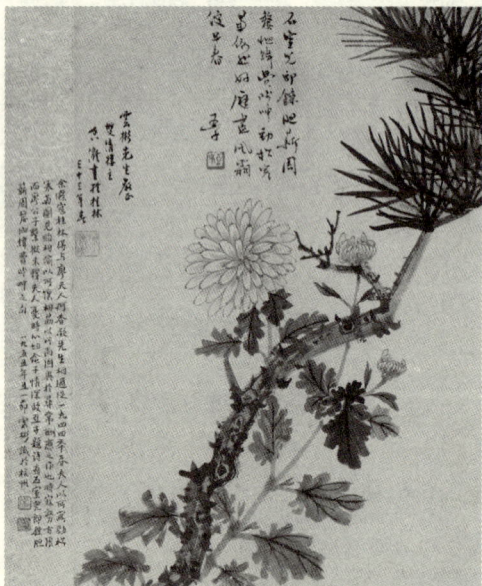

余避寇桂林，得与廖夫人何香凝先生相过从。一九四四年春，夫人以所写《劲松寒菊图》见贻。相喻以所怀，相勖以所尚，固异于寻常酬应之作也。时寇势方张，而廖公子系狱未释。夫人忧时心切，念子情深，故亚子题诗有"石室儿郎炼胆薪，周嫠恤纬费吟呻"之句。一九五五年五一节，云彬识于杭州。

"相喻以所怀，相勖以所尚"，亦可为柳亚子题诗后两句之注脚。

黄宾虹《白沙诗意图》《湖山春晓图》

宋云彬与黄宾虹第一次见面，是在 1951 年 10 月 13 日两人共乘火车赴北京，参加全国政协委员会第一届第三次会议之际，黄宾虹作为"特邀代表"，列席会议。在火车中，宋云彬与黄宾虹对坐，谈考古，谈历史，颇为愉快。宋云彬日记记曰：

> 余耳宾老名久，初未谋面，以意度之，必老态龙钟矣，而孰知竟不然。宾老为余言，平生不与人争名位，争权利，虽处逆境亦欣然自得。又谓望长寿必须胸襟扩大，即孟子所谓养我浩然之气也。余平生常以心胸阔大自诩，然不能忘名位，闻宾老言，不禁爽然自失矣。

黄宾虹平生心胸开阔，不与人争名夺利，为人也如此，作画也如此。其致族人黄树滋函曰："张大千来此售画，每张定价法币二十万元；齐白石每尺方四万元，皆甚忙碌。鄙人只择人而与，非经知交介绍不动一笔，各纸铺包括荣宝斋来索者皆谢绝之，意留传精作，不与人争名利耳。"又《黄宾虹传艺录》记曰："书画可贵，非决定于得名与获利之有无，而在于书画作者本身功力之强弱高下。所以得名与获利，非书画之目的，而急于求名与利，实为书画之害。"宋云彬之所以"爽然自失"，盖无法摆脱"名位"二字，此在日记中也偶有流露。

宋云彬所藏黄宾虹作品两件，一为《白沙诗意图》，水墨纸本，题识曰："西风吹冷峡山云，红叶清溪点缀新。惟有白头溪里影，至今犹戴玉台巾。陈白沙诗，黄宾虹画。"钤印：宾虹、黄宾公。

另一件为《湖山春晓图》，设色纸本，题识曰："湖山春晓。以范华原笔意漫兴写之。云彬先生教正。黄山宾虹，甲午年九十又一。"钤印：黄宾虹、肖形印。甲午为 1954 年，据宋云彬 11 月 10 日日记："赴栖霞岭访黄宾虹，并索得山水一小幅。"又 21 日日记："偕妻赴栖霞岭看黄宾虹，长谈，吃包角酪，味甚可口，京奕同去，乐不可支。"则其"索得"之小幅山水，当即为此件无疑。

章太炎《行书七言联》

藏品中有章太炎行书七言联一幅，联语曰："腹中贮书一万卷，阶上行僮千户侯。"落款仅"章炳麟"三字，钤"章

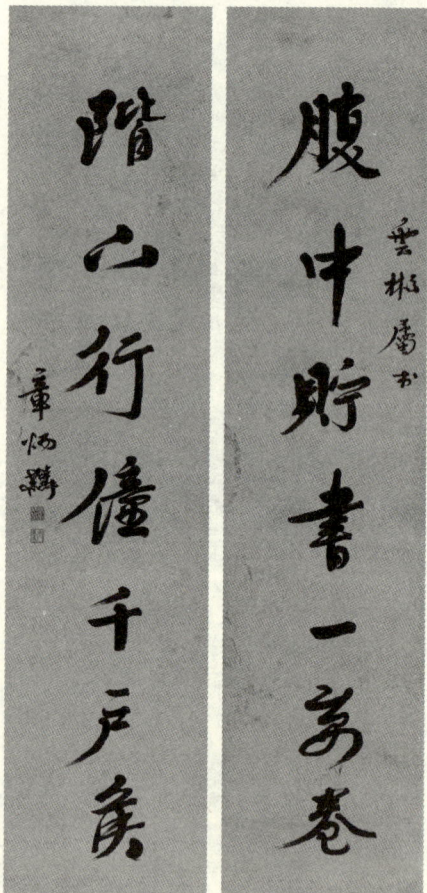

炳麟印""太炎"二印。上款"云彬属书"四字，实为章太炎夫人汤国梨补题。

张宗祥《深柳读书堂图》

宋云彬所藏书画中，有张宗祥作品五件，第一件是作于 1928 年的《草书陶渊明饮酒诗》，第二件是作于 1954 年的《行书八言联》，第三件是作于 1955 年的《孤山探梅图》，第四件是作于 1956 年的《行书陶渊明读山海经诗》扇面，最后一件是作于 1961 年的《深柳读书堂图》。

宋云彬与张宗祥都是海宁硖石镇人，通家姻好，虽然张宗祥年长宋云彬十五岁，但张宗祥称宋云彬为"姻丈""姻叔"，自称"姻晚"。自从宋云彬回浙江任职后，二人过从频繁。1958 年 9 月，宋云彬到中华书局任职，二人之间则多以书信往还矣。

1961 年 10 月，中华书局自东总布胡同搬至西郊翠微路 2 号院办公，宋云彬随迁而往。10 月 14 日日记："分配给我们住的是一幢小洋房，是从前东洋人盖的，我看了非常满意。"小楼旁有垂柳五株。18 日日记："寄张阆声函。"想来是告以乔迁新居，并请作画以记之。11 月 13 日日记："张阆声寄来《深柳读书堂图》一幅。"

此画颇具雅致，高柳五株，环绕屋宇，有人端坐，读书其中，门前湖面悠悠，远山隐隐。画面右侧题识曰：

> 数枝杨柳弄春阳，小拟当年万柳堂。借问主人读何物，酒经花谱不寻常。辛丑秋，云彬姻丈来书，新居有柳五株，索拙画。作此应命，即请正之。冷僧，时年八十。

又曰：

> 书味浓于酒味，吟声间有棋声。谁种门前五柳，春明住个渊明。又题六言一章，酒与棋皆云丈所嗜，必当笑纳此诗。

按，宋云彬是喜欢陶渊明的，曾写过很多篇关于陶渊明的文章。且集陶句成联，并请人书之。

张宗祥为作书画五件，两件录陶诗，一件集陶句，一件绘五柳，多少可见宋云彬心中之仰慕与追求了。

三、友朋书札

据宋云彬日记统计，其一生所收友朋书札，如果不损失，其量必颇为可观。"文革"期间，书札在抄家时被抄走，按照抄家者在书札上留下的编号，抄走的应该在四百通以上，"文革"后归还的只有近一百通而已，也只是劫后残馀了，其时间大都在 20 世纪 40 年代末至 1966 年 6 月之间。今保存有陈叔通、叶熙春、张宗祥、邵力子、马一浮、马叙伦、柳亚子、王伯祥、叶圣陶、陈乃乾、胡愈之、丰子恺、张惠衣、徐调孚、俞振飞、沈从文、许志行、聂绀弩、廖梦醒等人书札若干。

这些书札，其所涉人物众多，内容广泛，如柳亚子自曝情感事、胡愈之约请编辑华侨教科书、叶圣陶约请编审新中国第一套教科书、邵力子提倡之吞蝌蚪避孕事、汉字简化问题之讨论、俞振飞因剧本改写要突出"主题思想"之焦虑、沈从文以服饰形制论《南齐书》"编棕皮为马具装，析竹为寄生"句中"析"字、张宗祥点校《国榷》之稿酬标准问题以及若干人事请托与工作安排等，不一而足，蕴藏史料，极为丰富。

综上所述，这批书画与信札，不仅具有很高的艺术造境，同时在其身后还隐藏着特别的故事，以及这些故事所承载的时代命运与历史沧桑。

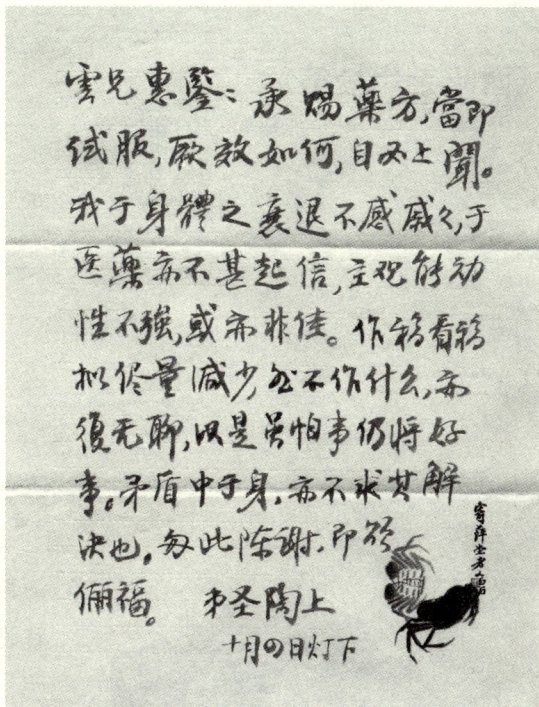

《酉阳杂俎校笺》
——古籍整理的新收获

孙昌武

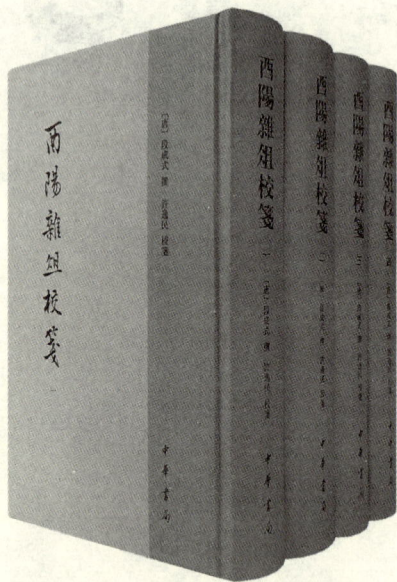

题目里的"新收获"有两个层面的意思：一是许逸民先生校笺《酉阳杂俎》取得的成绩，再是说他校笺这部书在古籍整理方法上取得的进展。

晚唐段成式的《酉阳杂俎》向被视为一部"奇书"。段氏学问渊博，又好奇尚异，所作书内容繁博，既"杂"又"怪"。因为这部书内容繁博，就成为治唐史，特别是唐代文化史不可忽视的重要典籍；又因为其内容既"杂"又"怪",而传世诸本又都没有经过认真校理,讹误很多,给阅读造成很大困难,就需要一个精心整理的可靠文本,最好是注释本。1981年中华书局出版方南生先生点校本,以明赵琦美的脉望馆本为底本,校以现存诸本,并参校《太平广记》《说郛》等典籍,用功颇勤,从文本对校看,已做得相当详密。但方先生做的主要是传世文本的对校,利用参考文献有限,留下窒碍难解的词语、文句十分繁伙。日前中华书局出版许逸民先生的《酉阳杂俎校笺》,同样以赵琦美本为底本,更广泛地使用众多资料,做了更精密的校勘并详加笺注;书后有《书目著录》《版本序跋》和段氏的《传记资料》三个附录,另有《本书主要引用书目》。这就提供了一个相当完善的校笺本。《酉阳杂俎》原书十多万字,《校笺》一百七十五万字,仅从规模看,就可以想象校笺者所花费的功力。

《酉阳杂俎》校笺之难,不只因为这是这部书的初次笺注,有众所周知的草创的艰难;还在于前面提及的这部书内容之"杂"而"怪"和现存诸本在传写、刊刻过程中留下的讹误、脱文、衍文之多。这部书的内容,包括作者个人著述和文献抄录两部分。特别是后一部分,不少是久已佚失的文献的节录,多记载对当时人来说已是相当生僻的名物、事项,段氏又显然是以炫奇尚异的态度加以著录的。而现存诸本又留下众多文字讹误,这就造成"校"和"笺"的超乎想象的难度。就是把那些错处"辨认"出来并加以更正"复原",就需要极其广博、扎实的文献知识,还要具有敏锐的学术"眼光",至于要有熟练地掌握整理古籍的技巧、方法更是不言而喻的。所幸从事这部《校笺》的许逸民先生沉潜古典文献研究和编辑工作数十年,学植丰厚,知见渊博,可说是整理、校笺这部书的不二人选。

这部《校笺》的"校"的成果是提供了一个信实可读的文本。如上所述，这部书传世各本文字讹误很多，许多地方读起来窒碍难通，不知所云。这次《校笺》利用参校文献达二百二十九种。除了四部典籍，释、道经典，字书类书，还有笔记、小说、术数、杂纂等各类文献以及中外近现代人的许多研究著作。主要的、也是十分困难的工作是校订词语。这方面校笺者用功颇多，收获很大。举简单的例子。卷七《酒食》部里历数"酒食"名目，其中错字很多，如"犓腴"，底本作"搊腴"，校笺者据枚乘《七发》"犓牛之腴，菜以笋蒲"校改，并引《文选》李善注加以解释；"莱黄之鲐"，"莱"原作"菜"，据张协《七命》校改，同样引用了《文选》李善注；"御宿青粲"，"粲"原作"祭"，据王粲《七释》改，并引用《北堂书钞》"御宿青粲"条加以证明（以上第2册第587～589页）。以上三处都是底本上名物称谓的错字，如果不加校改，就不知道所指是什么。这几处的校改利用的还是《文选》等一般典籍。另有许多更生僻的词语，文献出处难以搜检，校改更为困难。如《续集》卷二《支诺皋中》"姚司马"条，写的是上都僧瞻有法术，举起"伐析罗"为人治病。这个"伐析罗"是什么？《校笺》首先据《太平广记》复原为"伐折罗"，然后再据《续一切经音义》相关词条，指明这是个梵文词，又译作"嚩日啰"、"伐阇罗"、"跋折罗"，意译为金刚亦即金刚杵（第3册第1531页）。如这样的例子，更见校笺者的文献功夫。再如卷十八《广动植之一》部"总叙"的第一部分，共计534个字，校改了十六处，删衍一处，补脱二处，校存异文七处，文字存疑一处。这样，总共是二十七处。就是说，这一段按534个字计算，校理了其中百分之五的文字。这大体反映这部《校笺》"校"的工作的幅度。经过这相当大幅度的校理，就给这部文字历来难解的书提供了一个面貌一新的、通顺可读的文本。

这部《校笺》的"校"与"笺"基本上是合一的。由于原书内容所涉广博，且往往生僻怪异，笺释难度当然很大。其中有两部分内容比较起来更为困难。一是名物。本来段氏所著录多是四库馆臣所谓"荒渺不经之物"。如前所述,当初段氏也是把它们当作陌生奇异事物录入的。《校笺》在"校"的基础上,首先考定这些名物是什么,往往再追本溯源,广征博引,加以详细解说。例如卷十一《《广知》部"慈恩寺僧广升"条"紫矿",《校笺》指出亦作"紫铆"、"紫矿",是一种"树脂",接着征引《政合本草》所引《唐本草》,又参照本书卷十八《广动植》"紫铆树"条和《诸藩志》以及该书杨博文的校释,再引用张星烺《中外交通史料汇编》"中国古籍关于波斯之矿石及其动植物之记载"关于本条的注文(第2册第858页),详加说明。又《续集》卷四《贬误》"小戏中"条里提到一种名"蹙融"的"弈局",也是首先是举出《汉书·吾丘寿王传》及其颜师古注,指出"蹙融"即"格五",再分别引用《资暇集》《湘素杂记》和《梦溪笔谈》的《技艺》条加以解说(第3册第1619页)。像这样的笺释,每一条都有短篇论文的规模。读者从中所得,也就不限于相关文字的解说了。

　　校笺困难的第二部分是有关释、道内容的,包括经典、神格、仪轨、法物等。治释、道学问难度之大是众所周知的。许先生前此已出版《徐陵集校笺》和《金楼子校笺》,多涉及这方面内容,可知他多年来在这方面用功之勤。《酉阳杂俎》里的《贝编》一卷、《寺塔记》两卷、《金刚经鸠异》一卷是关于佛教的,《诺皋记》两卷、《支诺皋》三卷等佛教内容条目也占相当大的比重,《玉格》一卷则是有关道教的。《校笺》广泛利用两教藏内、外文献和其他相关资料,对相当深奥、生僻的内容、词语加以考订、解释。如《寺塔记》记载晚唐时期武宗大举毁佛前长安佛寺情形,包括寺院活动、建筑、塑绘等,被认为是和杨衒之《洛阳伽蓝记》具有同等价值的有关古代佛教的文献。其中记录段成式和友人张继善、郑梦复同游佛寺,和寺僧或连句唱和,或列举有关佛教或释典的事典、语词，显然有炫耀才情、以角胜负的意味，这部分所出文句、语词也就多隐僻难解。例如游宣阳坊奉慈寺"徵释门衣事"，就是每个人列举有关僧衣的词语，而且要求"语须对"即词语必须是对偶的，他们分别举出的词语是："如象鼻，捉羊耳（柯古）；五纳，三衣（善继）；慙愧，斗薮（升上人）；坏衣，严身（约上人）；畜长十日，应作三志（入上人）；离身四寸，掩手两指（柯古）；裸形，刀贱（善继）；其形如稻，其色如莲（升上人）；赤麻白豆，若青若黑（柯古）"（第 4 册第 1863 ~ 1864 页）。《校笺》一一搜检出这些词语的出典，再引录经典原文加以解释。这件事的难度同样还由于底本文字多有讹误，如"离身四寸"的"离"，原作"杂"；"刀贱"的"贱"，原作"残"；"其色如莲"，《校笺》以为"莲"疑当作"蘮"。底本上的这类错误，给校笺者造成的困难是非操作者难以想象的。

如上表明，《校笺》的"校"与"笺"合为一体："校"给"笺"打下基础，"笺"给"校"作出证明。两者所依靠的则是翔实的资料和可靠的辨析。这部《校笺》体例上一个创新是把与原书每一条文字相关资料名的目著录在原文之下。这些资料有出在《酉阳杂俎》之前的，这往往是原书著述的来源或依据，可资考订，有些又具有史源的价值；出在《酉阳杂俎》成书之后的，除了可供参校，还可见相关记载在后世的衍化及其影响。这都给进一步研究提供了材料。笔者和日本学者点校禅宗典籍《祖堂集》，也曾把每个禅宗公案见于后世文献的相关典籍名目、卷次一一注出。当时是考虑到禅宗公案作为宗教著述，流动性大，可以从前后不同文本追寻更古老的"原本"，从而求得公案的"真意"。这在方法上与《校笺》类似，立意则有所不同。这种著录相关文献的校笺方法，敝以为是有益读者的。

《校笺》有如此丰富的内容，其实际价值则已等同，甚或大于一部关于唐代文化史的学术论著了。这也表明整理、校笺古籍乃是一种需要高度学术素养的、艰难繁复的研究工作，这种工作的学术意义时下一般是被大大地低估了。

《校笺》作为《酉阳杂俎》第一个注释本，难免存在一些缺失。问题还是多出在有关释、道的内容，大体有以下几类情况：有误的，如《续集》卷二《支诺皋中》"上都务本坊"条注5，释"太阴炼形"，谓"即道教所谓'尸解'法"（第1526页），"炼形"实为一种再生法术；道典《三洞群仙录》卷十："服此丹，死又不坏，但能大其棺，广其穴，含以珠玉，疏而有风，魂不荡空，魄不沦黳，百年外可以复生。此为太阴炼形之道。""尸解"则是指肉身成仙，与"炼形"不是一回事；《续集》卷三《支诺皋下》"宋道士"条注2同。不准确的，如卷一《天咫》"僧一行"条第92页注7，"常住奴"，谓"寺院中奴仆"。据《四分律行事钞批》第十二本：僧人死后，奴婢衣物与其亲属，如无，归于常住；"常住"指寺院公有；"常住奴"不同于属于寺院大僧个人蓄养、支配的"私奴"。应注漏注的，如卷五《怪术》部"大历中"条有句"唯金粟纶巾鹙子衣上一花"（第498页第10行），维摩诘号"金粟如来"，"鹙子"是佛弟子舍利弗名字的意译，此处用《维摩经》"天女散花"故事，应注。还有些错字，如《续集》卷三《支诺皋下》"越州有卢冉者"条注8"祇园寺"，"祇"误作"祇"（第1577页），"祇园"是佛陀在世时给孤独长者施舍做精舍的园林。这个字如今出版物里错得相当普遍。有趣的是日本京都有个地名"祇园"，按口语发音就是"qi′en"，但是中文人普遍地称之为"祇园"。应当指出，和全书大量笺注内容相比较，上述可商榷条目只是少数。实事求是地评价，这部书有关佛、道的内容，就我国目前涉及这一领域的整体学术水平看，做得已经相当不易、不错了。

读许逸民先生这部书，生发些联想，有两点，作为"闲话"提出来。

"许逸民"这个名字，"新时期"从事古典文学教学、研究的人大概很少有人不知道。他在中华书局从事编辑工作数十年，"为人作嫁"，是助成众多古典文献、古代文学研究成果的无名功臣。曾有学者说过：对于学者来说，退休之后，才是真正从事研究工作的开始。这个话有两方面道理：一方面，退休了，摆脱了工作的重压、俗务的烦扰，自己有可能更认真地集中精力从事个人有兴趣的专门研究；另一方面，特别是对于治文史的人来说，资料的积累，思致的周密，世事的体察，到了退休年龄，可能更为全面和成熟。许逸民先生从编辑工作退下，退而不休，这十几年来，做了许多一般人做不了的工作，硕果累累，学术水平是众所公认的，可作上述看法的证明。

再一点，近年古籍整理工作取得显著成绩。众所周知，古籍的校勘、笺注、整理乃是整个研究工作的基础，是难度很大、价值很高的学术工作。而时下从事这方面工作的基本是中、老年学者，年轻人很少。这和时下学界治学普遍浮躁、浮薄有关系。衡量一个国家、一个民族的文明程度，如何对待承载这个文明的典籍是一个重要标志；而对这些典籍的整理、研究水平也体现国家、民族的学术乃至文明水平。即使从人才培养的角度看，文字、声韵、目录、校勘之学乃是入学的门径、治学的基础，从事古籍点校、注释等整理工作正可得到这些领域的训练。许先生在这一领域的不懈努力，是值得有志于古典文献、古代文学研究的年轻一辈学习的。

这两点想法多时郁积于心，借这个机会做位卑言轻的，大概也是并无用处的呼吁。

评《酉阳杂俎》之许氏整理本

顾 农

晚唐大作家段成式（803？～863）曾经与李商隐、温庭筠齐名，由于他们在各自的家族中都排行第十六，而文风相近，遂称"三十六体"，这是就他们诗与骈文之奥博繁缛而言的：段氏后来更有影响的作品乃是他的琐语小说集《酉阳杂俎》（前集二十卷，续集十卷）。李、温虽亦各有小说，而其体量、水准与影响皆瞠乎其后，难与相比。

鲁迅研究唐人小说高度重视段成式此书，认为该书的体式单独成为一种类型，即可称之杂俎，堪与传奇、志怪并列，他写道——

段成式字柯古，齐州临淄人，宰相文昌子也，以荫为校书郎，累迁至吉州刺史，大中中归京，仕至太常少卿，咸通四年（八六三）六月卒，《新唐书》附见段志玄传末（余见《酉阳杂俎》及《南楚新闻》）。成式家多奇篇秘籍，博学强记，尤深于佛书，而少好畋猎，亦早有文名，词句多奥博，世所珍异，其小说有《庐陵官下记》二卷，今佚；《酉阳杂俎》二十卷凡三十篇，今具在，并有续集十卷，卷一篇，或录秘书，或叙异事，仙佛人鬼以至动植，弥（靡）不毕载，以类相聚，有如类书，虽源或出于张华《博物志》，而在唐时，则犹之独创之作矣。每篇各有题目，亦殊隐僻，如纪道术者曰《壶史》，钞释典者曰《贝编》，述丧葬者曰《尸窀（穸）》，志怪异者曰《诺皋记》，而抉择记叙亦多古艳颖异，足副其目也。（《中国小说史略》第十篇《唐之传奇集及杂俎》，《鲁迅全集》第9卷，人民文学出版社1981年版，第93～94页）

段成式的家世生平与其《酉阳杂俎》一书的特色，这里说得非常简明扼要。"以类相聚，有如类书"表明，段成式深受中古以来高层社会极重类书之风气的影响——自从曹丕主导编撰了《皇览》以来，中古至唐初，多种大型类书被不断推出，到玄宗时代还出现了意在普及的《初学记》，这些百科全书式的诗文汇编和资料大全对文学创作以至整个知识界、教育界都产生了巨大的影响[1]；而其《酉阳杂俎》一书的体式，又为后来宋人编集《太平广记》提供了切近的榜样[2]。

《酉阳杂俎》固然可以称为"独创之作"，但这主要是就其体制而言的，从其内容来看，其实乃是一部杂录诸书的丛抄。中国古人一向持"言公"的观念，不以抄撮前人片段的现成文字为非，这在印刷术发明之前具有保存文献的积极意义；至于小说，因为社会地位不高，撮录旧文更是没有任何精神障碍。《世说新语》已是如此。写小说在明朝以前既不能扬名也不能获利，所以无所谓著作权，用现在的眼光看去，能够

---

① 这些类书至今也还非常有用，但与它们在当时的意义已经大不相同。参见拙文《〈初学记〉今昔》，《中华读书报》2012年8月8日《出版史》专栏。
② 鲁迅在《破〈唐人说荟〉》一文（后收入《集外集拾遗补编》）中评《太平广记》的特色说："一是从六朝到宋初的小说几乎全收在内，倘若大略的研究，即可以不别买许多书。二是精怪、鬼神、和尚、道士，一类一类的分得很清楚，聚得很多。"详见《鲁迅全集》第8卷，人民文学出版社1981年版，第108页。

关心这个方面的作家已经了不起了。

唐人所著书能够大体完整地流传至今者已不甚多，《酉阳杂俎》一书相当可贵，所以后来流行的有好几种版本①，今人整理者亦非止一二家②，就我所看到而言，当以新近问世的许逸民先生《酉阳杂俎校笺》为最佳。所谓古籍整理，无非就是"对原有的古籍作种种加工，而这些加工的目的是使古籍便于今人以及后人阅读利用"③。许书对《酉阳杂俎》的加工最丰富，最准确，最便于阅读使用。

早在十多年前，许氏就出过一本《酉阳杂俎》的选注本④，可知其研究有素，积累甚深；他又是数十年如一日地坚持从事古籍整理的，成果非常丰富，近年来更陆续推出了《徐陵集校笺》《金楼子校笺》两部巨著，《酉阳杂俎校笺》与之鼎足而三。真积力久，经验丰富，这三部校笺皆不同凡响，在相当长一段时期之内估计无可取代。

一

"古籍整理"一词兴起甚晚，古人大抵谓之校雠，或说注书，可知校勘与笺注乃是其中的主要工作。现在通用的标点符号产生于"五四"之后，古代没有，所以那时没有给古籍加标点一事，更不曾想到编制索引等等。

时至今日，校、点、注，尤其是前两件，可以说是古籍整理中非

① 《酉阳杂俎》有国家图书馆所藏的两种明初的刻本，只有前二十卷；日本国会图书馆藏明弘治五年朝鲜刊刻本、上海图书馆藏明嘉靖翻刻本皆出于此 又有明万历赵琦美刻本、又万历中商濬刻《稗海》本、明末毛晋汲古阁《津逮秘书》本、清《四库全书》本、清姚海鹏照旷阁《学津讨原》本，等等。
② 如方南生点校本（中华书局 1981 年版），杜聪校点本（齐鲁书社 2007 年版），历代笔记小说大观本（上海古籍出版社 2012 年版），刘传鸿校证本（《酉阳杂俎校证：兼字词考释》，北京大学出版社 2014 年版），等等。
③ 黄永年《古籍整理概论》，上海书店出版社 2001 年版，第 5 页。
④ 历代笔记小说小品选刊本之一，学苑出版社 2001 年版。

做不可之事；笺注难度最大，如果做不了也可以暂且不做，而做好了功德无量，今人以及后人不靠注释而能直接读懂原文的，恐怕不多而且将是越来越少。

在一般情况下，对于古籍的种种加工之中，校勘是第一位的工作，如果不能首先获得准确的近于作者原书原貌的文本，则标点和注释都将失去基础，弄不好很可能如沙上建塔，说倒就倒。可是为《酉阳杂俎》一书做校勘情况有点特殊，存在非常麻烦的问题。许先生采用此书公认的最善之本——明万历三十六年（1608）赵琦美脉望馆刻本（后有1937年《四部丛刊初编》影印本）为底本，以明初陶宗仪《说郛》本、明末（1633）毛晋汲古阁《津逮秘书》本（《四库全书》本由此出）、清嘉庆十年（1805）张海鹏照旷阁《学津讨原》本为通校本，多种类书为参校本。版本校的工作并不难做，过去有人做过，已记录了诸本异同。这里的问题在于，底本中的毛病其实很不少，而往往诸本皆误，通过版本校仍然解决不了。于是许校另辟了一条全新的路子，本书《凡例》第二则写道："本书之校勘，以笺证（稽考出处、征引典故）中所发现之问题为重点，不另进行《酉阳杂俎》诸版本之对校。个中缘由，盖以此前已有方南生点校本出版（中华书局1981年版），版本互校所能取得之功效，彼书已发挥殆尽，此次并无新版本补入，故无须再次用力于死校。何况许多文字之是非，仅凭版本互校，既难发现，亦难解决。故本书倾其全力经营笺注，融笺校为一炉，冀以笺注涉猎之博湛，弥缝版本互校之缺失。"这一层意思在本书前言中也特别有所说明：

> 赵（琦美）本善则善矣，其中的讹脱舛误依旧不少，许多地方文不成句，字不达意，这些问题远不是通过版本校勘（对校、本校）所能解决的。鉴于此前已有《酉阳杂俎》校本出版（方南生点校，

中华书局 1981 年版），因此，此次校笺，虽仍以"校"居前，却不再拘泥于先校后笺之惯例，拟反其道以行，先以"笺"开道，通过他校、理校探究致误之由，然后慎断是非，从严取舍，适度而准确疏通文字，最后方始校改明显文字讹误。

由此可知，他不走熟路，探索新途，固然有尊重前人、避免重复劳动的意思，更重要的是从《酉阳杂俎》一书的实际情况出发，寻求解决此类问题的新办法。这种摸着石头过河的大胆探索精神，在读一般的古籍整理本时是未尝碰见的。唐人诗云"行到水穷处，坐看云起时"，即此之谓乎。

按一般的工作程序，版本校（底本与其他诸本对校，本校）是最重要也应当优先进行的工作，其次才是他校，最后考虑理校——理校容易带有主观色彩，难免仁者见仁，智者见智，难以搞定。所以，每当版本校和他校尚不能完全解决问题时，一般只能以存疑了之，也就是做到哪一步算哪一步的意思。《酉阳杂俎》多有各本皆误的情形，如果在校勘中采用这种传统的套路，则存疑而不了了之之处必然甚多，很难完全尽到校勘的责任。许先生在这里知难而进，富于冒险精神，用以"笺"带"校"的办法，订正了不少似乎没有问题而其实乃是问题的错误。

试举两个例子来看。续集卷二《支诺皋中》：

> 江淮有何亚秦，弯弓三百斤，常解斗牛，脱其一角。又过蕲州，遇一人，长六尺余，髯而甚口，呼亚秦："可负我过桥。"亚秦知其非人，因为背，觉脑冷如冰，即急投至交午柱，乃击之，化为杉木，沥血升余。（第三册，第 1520 页）

文从字顺，好像没有什么可谈的问题，看文后注三，才知道原书中"交午柱"原作"交牛柱"，而这其实是不通的；许氏据《史记集解》校改。"交午柱"指桥梁头四植木，亦即后代的华表。注文引《史记·孝文本纪》中的"诽谤之木"以及《集解》对此的解释道：

> 服虔曰："尧作之，桥梁交午柱头。"应劭曰："桥梁边板，所以书政治之愆失也。至秦去之，今乃复施也。"

又引《史记索隐》所引韦昭的说法，指出所谓"诽谤之木"原是帝尧时代让大家写大字报提意见的一种设置，"后代因以为饰。今宫外桥梁头四植木是也"。后来更演变而为石刻的华表。何亚秦把那精怪背到这里，扔向华表，然后又狠揍它，很快令它现出原形。

如果不是对古代的风习有深入的了解，如果不是非常熟悉《史记》及其三家注，改"牛"为"午"根本无从想到；而一旦改过来，读者立刻心悦诚服。这就是功夫。我读到这里，非常振奋，对这种新理校佩服之至。

又续集卷四《贬误》：

> 予门吏陆畅，江东人，语多差误，轻薄者加诸以为剧语。予为儿时，常听人说，陆畅初娶董溪女，每旦，群婢捧匜，以银㪷盛澡豆，陆不识，辄沃水服之。（第三册，第 1665 页）

这里的"董"字原作"童"，"澡"原作"藻"，皆属于所谓形近而误，而这里都是运用理校法改正过来的。陆畅的岳父姓董名溪，韩愈替他写过墓志；"澡豆"是古代的高级肥皂，外观有点像小食品，见于《世说新语》

《千金方》等书。许书引证有关文献，把错字改了过来。为《酉阳杂俎》做校勘，必须具备多种知识，单打一的版本校是远远不够的。

像这一类出人意外而大快人心的校勘及其说明，许书中所在多有，兹再举一个以他校与文史考证结合来决定文字取舍并最终加以改动的例子。前集卷十六《广动植之一》有"椰子为越王头，壶楼为杜预项"（第二册第1102页），"杜预"原作"杜宇"，而《类说》（卷二四）、《海录碎事》（卷二二）引《酉阳杂俎》作"杜预"。按杜宇是诗文中经常出现的要人，他是死后化为杜鹃的那位蜀王，而其人同壶楼即葫芦有什么关系，颇为费解。而西晋名将杜预病瘿，脖子上有很大的肿块，是史书上有明确记载的，南方的吴人痛恨这位足智多谋的敌方大将，"每见大树似瘿者，辄以刀斩破白，题曰'杜预颈'"（《太平御览》卷三六九引王隐《晋书》）。又在狗脖子上系以葫芦来侮辱他（唐修《晋书》本传）。据此则"壶楼"与"杜预项"大有关联，许笺引用这方面的史料，与他校中取得的异文结合起来思考，决定采用"杜预项"。这样的校改决定显然是很明智的。

诸本对校是最基本的功夫，博取他书之有关引文来参校就扩大了思考的范围，理校则进一步扩大了思考范围，把这些资料和思考同文史考证结合起来，勘正文字的是非就有了坚实的依据。所以要把校勘同考证、研究结合起来。新的时代对一个校勘工作者提出了更高的要求，仅靠传统的手艺已经不够用了。这样看来，文献专业的教学除了传授各项工作的要领之外，由目录学入手引导青年学生博览群书、不断扩大知识面，实为提高水平的不二法门。

著名校勘学家、小说史家程毅中先生对《酉阳杂俎校笺》的校勘路径予以充分肯定，他在该书序言中指出：

> 由于《酉阳杂俎》是一部会集诸书的丛钞，并非照录某一种书

的原文，更不注明出处，很难确定它的史源是哪一部书。所以校笺也只能是按理校的办法，综合利用各方面的文献资料加以整理，作出自己的按断，尽可能地恢复原貌，使读者易于读通。这也许可以说是在四种校勘法之外，加上考证笺注的古籍综合整理法。陈垣先生说："（理校法）故最高妙者此法，最危险者亦此法。"本书许多地方运用了理校法，但举出不少旁证，在校记中说明了依据，即使不是段成式的原文，也不难恢复底本的原貌。所以其危险是完全可以避免的。

此说通达，在未来的校勘学通论和教科书里，应在四种校勘法（对校、本校、他校、理校）之外增加一种"综校"或曰旁证式理校，以区别于猜测式独断式的旧时理校。许校非常谨慎，凡可改可不改者一律不改，而凡改动原文者一律出校记，详细地说明其理据，这样即使万一有失误，也不难恢复底本的原貌。正因为有这样一条保险带，我想改字的胆子还可以放大些，有七成五的把握即可，不必一定要九成九。

许氏不仅在《酉阳杂俎》的校勘实践方面取得许多新的进展，而且对校勘学的一般理论也作出重大的开拓和发展，是值得大书特书的一大贡献。

二

《酉阳杂俎校笺》采用全式标点，也就是各种标点符号全都用上；现代汉语通用的标点符号共十六种，其中亦用于古汉语者十三种，只有三种即省略号、着重号、连接号一般不用。古籍整理的全式标点指十三种全用，而且还使用专名号（专名线）；而非全式标点大抵不用引号和专名号——要加这两种符号比较费事：前者要确认引语的起讫，后者要明白哪些属于专门名词。这两件事大概做做并不难，而要完全做彻底，那就往往很费劲，专名线的使用尤为费神①。为省事计，有些书就略去不做了。

许书在笺注中引用了大量古籍，其中颇有尚无今人整理本者，其标点都是由他新加的，这样就等于点了许多书，工作量很大。这应算是他顺便的贡献。

许逸民是从来不肯苟且省事的人，我赞成他这种"勤政"的态度。从事古籍整理而希望省事，新手偷懒，老手倦勤，那就不好办了。

<h3 style="text-align:center">三</h3>

《酉阳杂俎校笺》用力最多的是笺注。为古书做笺注是一件很困难很麻烦的工作，为《酉阳杂俎》作这方面的加工更是近于可怕的事情。段成式是一位大杂家，他在这部书里无所不谈，而且"多诡怪不经之谈，荒渺无稽之物，而遗文秘籍，亦往往错出其中"（《四库全书总目》卷一四〇），笺注者要跟着他走一趟，一一作出解释说明，那就得同样是一位大杂家，而且是知道得更多的大杂家。单是有些文史知识是完全不够用了。许逸民的笺注基本逐处下注，而皆准确细致，头头是道，这是非常难能可贵的。

试举几个例子来看。鲁迅先生在说起中国的看馔时说过："我于此道向来不留心，所见过的旧记，只有《礼记》里的所谓'八珍'，《酉阳杂俎》里的一张御赐菜帐和袁枚名士的《随园食单》。元朝有和斯辉

① 许逸民有《专名线、书名线使用细则举例》，载《古籍整理释例》，中华书局2011年版，第181～228页。

的《饮馔（按应作"膳"）正要》，只站在旧书店头翻了一翻，大概是元版的，所以买不起。唐朝的呢，有杨煜的《膳夫经手录》，就收在《闾邱辨囿》中……"①"只有"这些，其实已经相当丰富了，而这些书都不大好懂。《酉阳杂俎》里的所谓御赐菜帐，见于该书前集卷一《忠志》篇——

> 安禄山恩宠莫比，锡赉无数。其所赐品目有：桑落酒，阔尾羊窟利，马酪，音声人两部，野猪鲊，鲫鱼并鲙手刀子，清酒……馀甘煎，辽泽野鸡，五灯汤……（第一册，第 31 页）

有些还好懂，如辽泽地方所产的野鸡之类，另一些则不知何物。读许注（第一册，第 32～35 页）然后可知"马酪"就是马奶酒，"清酒"则是经过过滤的醴酒（祭祀用酒），而"桑落酒"乃是中古以来的名牌产品——为此许注征引了《水经注·河水四》、《洛阳伽蓝记》卷四、《齐民要术》卷七（《河东神 方造酒法》）等多处有关桑落酒的记载。"馀甘煎"是用岭南特产馀甘子制成的食疗品，"久服轻身，延年长生。凡服乳石之人，常宜服也"（《政和证类本草》卷一三引《海药本草》）。安禄山是个超级大胖子，赐予此物颇能反映皇上对他的关爱和恩宠。

许注关于"桑落酒"只是引用《水经注·河水四》等三条材料，此外未置一词，容易让读者认为此酒是刘白堕的产品，一种品牌名酒；但实际上"桑落酒"乃是秋天桑叶落时动手来做的米酒，是米酒的一种类型而非品牌。我根据许注的指引，查到《齐民要术》卷七之《法酒》部分，

---

① 《华盖集续编·马上支日记·七月四日》，《鲁迅全集》第 3 卷，人民文学出版社 1981 年版，第 329 页。按《闾邱辨囿》是清人顾嗣立（号闾邱，1665～1722）编的一部丛书，收唐、元人著作凡十种。

这里就具体地说到“作桑落酒法”，多少米，多少水，怎么做，都一一道来，似亦可引出以供参考。

又如前集卷十四《诺皋记上》载：

> 元和初，有一士人，失姓字，因醉卧厅中。及醒，见古屏上妇人等，悉于床前踏歌。歌曰：“长安女儿踏春阳，无处春阳不断肠。舞袖弓腰浑忘却，蛾眉空带九秋霜。”其中双鬟者问曰：“如何是弓腰？”歌者笑曰：“汝不见我作弓腰乎？”乃反首，髻及地，腰势如规焉。士人惊惧，因叱之。忽然上屏，亦无其他。（第二册，第1039页）

记画屏上的美女下来跳舞，且能做高难动作，是很有趣的微型志怪小说。许书为这一段出了四条注：第一条解释“元和”，指出是唐宪宗李纯年号（806～820）。第二条介绍说这位士人一说就是邢凤，并博引材料，详述有关情况。第三条解释“踏歌”，引《旧唐书·睿宗纪》与《资治通鉴》卷二〇六两份书证，更引胡三省注曰：“踏歌者，联手而歌，蹋地以为节。”这就说得很透彻了。第四条解释“规”，引《楚辞·大招》及王逸注，说就是“圜也”。有了这些笺注，读者的困难就全都解决了。

为当今的一般读者计，为书中的语词作注，除了引用有关文献之外，最好对该语词有一个直接而简明的解释，可置于各条释文的最前面。这样可以让读者一下子就能明白其大意，然后再来慢慢看各种引文；如果他不想看那些引文，他的疑难问题也已经解决了。许书中多有这样单刀直入式的注文，但也有缺失的，大可补全。注文纲举目张，对于普及和提高都大有好处。

　　为了介绍《酉阳杂俎》中各条的来龙去脉，许书在各条的正文后注文前专门安排"本条又见"一栏，用以昭示本事出处，以及后世引述情况（参见《凡例》第六则），这一栏对于研究中国小说的流变大有用处。这方面似偶有可补充处，即如前引"元和初，有一士人"条，尚可介绍本条又见沈亚之《异梦录》（《沈下贤集》卷四），后来宋人乐史《杨太真外史》卷上注中记杨国忠卧见屏上诸女下床歌舞，则又由《酉阳杂俎》此条而来。以"滚雪球"的方式继往开来是中国古代小说发展中的旧常态，"本条又见"很可以帮助我们认识这一点。

　　（《酉阳杂俎校笺》，全四册，[唐]段成式撰，许逸民校笺，中华书局2015年7月，260元）

中华书局"清史研究资料丛编"已出书目

书　名	定　价
《钦定续纂外藩蒙古回部王公表传》（全二册）	1200元
《钦定学政全书》（全三册）	1800元
《钦定五军道里表》（全四册）	2400元
《钦定宗室王公功绩表传》（全二册）	1200元
《大清律例》（全六册）	3600元
《律例图说》（全二册）	1200元

只今耆旧贞元尽
——黄永年先生诞辰九十周年追思

曹旅宁

邓广铭先生《稼轩词编年笺注》篇末收辛弃疾《感皇恩闻朱晦公即世》:"案上数编书,非《庄》即《老》,会说忘言始知道。万言千句,不自能忘堪笑。今朝梅雨霁,青天好。一壑一丘,轻衫短帽。白发多时故人少。子云何在?应有《玄经》遗草。江河流日夜,何时了。"邓先生笺注,引辛弃疾祭文:"孰谓公死,凛凛犹生。所不朽者,垂万古名。"

一

我最早见到并听黄永年先生关于玄武门、《长恨歌》的学术讲座,还是 1984 年 10 月间的事,距现在不知不觉已有三十余年。当时觉得老先生一口江南口音,内容也不能全部听得懂,但老先生声音宏亮,底气十足,却给人留下十分深刻的印象。等到第二年夏,我有幸考取老先生的历史文献学硕士研究生,这才开始了有系统的学习生活。当时兰州大学赵俪生先生的公子赵缊,在青海与我同时报考却没有录取,我听说后颇感骄傲。

黄先生早年受教于吕思勉、童书业、顾颉刚诸先生。黄先生所记《吕思勉文史四讲》已经出版，只是听寿成兄说，笔记原稿多有按语，尚未印出。葛兆光先生曾在 2006 年 3 月 2 日阅读童先生著作的读书札记中这样写道："童书业是黄永年先生的岳父。记得当年黄先生在复旦小楼与我同住，常常彻夜闲聊，多次谈起他这位岳翁，对他与吕思勉先生俱极崇敬。回忆及此景，已经二十年前旧事了。"当年黄先生卧室兼书房中，张挂有吕先生的一副对联，还有童先生一幅小画。而我早已读过《新华文摘》上转载黄先生纪念吕、童二师的文章。最近读到曹道衡先生的回忆录，谈到童先生在无锡国专沪校时对他的学术训练，具体翔实，真可以同黄先生的文章对读。

我们入校时，黄先生就站在陕西师大老西门迎接新生，对大家说一些勖勉的话，记得有："我会把你们当作子侄辈看待的，要取得学习、身体的双丰收！""苦就苦三年，三年以后，同夫人小姐公子同享荣华富贵。"迎新晚会上，黄先生让大家自报家门，并表扬了龚祖培同学撰写的《内言外言发覆》一文。此文是与北大周祖谟先生展开对话的，发表在《中华文史论丛》上。这无形中也为大家树立了学术标杆。

当时黄先生刚 60 岁。入校不久，同学们在黄先生上课时为他祝寿，送了一个黑色陶瓷奔马台灯做礼物，李心纯同学还送了一首格律诗，中间用了刘禹锡"二十二年弃置身"的句子，因为黄先生从 1957 年困厄直至 1979 年平反，恰好同此年数。黄先生答辞中有"本来要请大家到家里吃一碗长生面的，但人太多，实在没有办法"的话语。黄先生1950 年复旦大学毕业，被分配至上海交大教政治课，实际上已经脱离了本行学术界。但值得庆幸的是，先生避过了一次次学术批判的"洗澡"，也没有经历学生批判老师的心理煎熬，也没有撰写大批判应景文章的懊恼，保存了自己的学术元气。1957 年的困厄只是终结了先生的红色仕途之梦，却为中国学术界保留了一颗读书种子。用先生自己的话说："不许阿 Q 革命，就弄学问吧！""人活着，总得有点寄托，总得干点有益的事情！"

黄先生当时的科研工作、社会工作十分繁重，时常还要外出讲学。但对学生还是十分关心。记得黄先生曾带我到校医院找他相熟的一位女大夫看过一次病，这位葛大夫当时还误以为我是先生的儿子。当然，黄先生也不是苦行僧式的学者，衣着整齐，皮鞋锃亮。北大教授们来校参加答辩时，会吸烟的，先生敬上的是牡丹烟；不会吸烟的，先生拿出的是巧克力。

我们受教的主要场合是在课堂。黄先生上课时喜欢漫谈，也喜欢讲学术掌故，但最后总要回到主题。这在无形中拓宽了学生的学术视野。当时听讲的学生人数众多，文史专业的研究生俱在，先生讲得神采飞扬。十五年后我在广州见到黄先生，老先生竟然吟起了"忆昔开元全盛日"。我后来发现，黄先生所讲，除了许多自己的学术创见发现，如曹植七步诗的问题；也不乏前人的学术精华，如说《汉书》颜师古注名气大，其实水平并不高。后来我在王念孙《读书杂志》中看到王氏读《汉书》札记中对颜注的尖锐批评。

受教的另一个场合，是黄先生位于陕西师大办公大楼白宫的办公室。入校不久，有一次大家晚饭后散步，看到先生的房子还亮着灯，就上楼去见先生。先生要大家购买中华书局影印的《四库全书总目提要》就在此次。当时先生正在灯下翻看《中国版刻图录》，大概是在撰写相关文字。受教还有一个场合，便是先生家里。同学们开学来校，总要去家里看望先生。先生有时也会留坐长谈，谈论学术、臧否人物。

黄先生指导学生作文的次数并不太多。第一次作文时，先生总是叫学生单独面谈。记得我所写是一篇关于会昌灭佛的札记，列举了两《唐书》及《通鉴》等不同史料记载的歧异。先生先是鼓励，后又具体指出不足。后来我撰写毕业论文《〈入唐求法巡礼记〉疏证》时，将其扩张写成其中的一节，并改题为《论会昌灭佛与李德裕之关系——读《隋唐佛教史稿》札记》发表。记得黄先生还在课堂上说，选题最好不要选什么民族政策、农民起义的题目作文。

黄先生开阔学生视野的另一办法，就是办资料室买书。先生曾为唐史所、古籍所买了许多书，其中还特别为古籍所购置了史语所迁台后所出的集刊。多年后我在中大同一位先生谈起此事，这位先生说，过去的老大学生给图书馆买书都是懂行的。开阔学生视野的另一个办法，就是请名家来校讲座，周绍良、徐永年、裘锡圭、严绍璗、章培恒、汪荣祖等先生。记得汪荣祖先生站在讲坛上，看到这么多学文史的研究生济济一堂，吓了一跳说，台大历史系早已招不到几个男生了。1988 年毕业的时候，一位同门改行去了税务局，黄先生还大为光火。不过等到 2005 年，我在西安看望黄先生时，老先生也有如此感叹："如今学术衰微了，聪明人不愿意学，都想发大财！""如今年轻人写的文章，像一杯淡茶，味道总不够浓！"如今不觉又是十年，在商品大潮的冲击下，学术似乎已走进严冬了。

二

黄先生著述宏富，但我以为最能代表黄先生学术的，还是他的论文集，填补空白、探微发覆、同前贤特别是同陈寅恪先生对话，是其著述显著的特点。这在八年前黄先生逝世时召开的同门追思会上我已讲过。黄先生同陈先生对话商榷立异同曾引起北京某所高校师生的议论。2008 年在山西大同举行的一次学术会议上，有一位学术界前辈得知我是黄先生弟子时，还当面对我讲，黄先生不应该同陈先生立异同。

黄先生《唐代史事考释》初版于 1998 年 1 月，由台湾联经出版公司印行。共收入黄永年先生的唐史专题论文三十三篇。我手头这本是 2005 年 4 月初版第二刷，是我本人在台北诚品书店买到的，实价新台币 650 元，按当时的汇率，相当于人民币 120 多元。但此书印制确实精美，大有当年商务印书馆印制《胡适论学近著》的气势，书品宽大，643 面木浆纸，厚厚一册。藕色云龙纹封面，红色签条，墨书"唐代史事考释"五字虽不署作者名，确为黄先生亲笔，虚和流美，不脱前唐褚、虞两家行楷的衣钵。在我书架上黄先生著述的各种印本中，确实是最引人注目的。

《唐代史事考释》分上编、下编。从著述体式上来看，颇受吕思勉四部断代通史的影响，这几部巨著以纪传体史为主，兼取《通鉴》，考核异同，寻求真相，对许多重大历史事件提出精辟的看法，远非司马光等旧史家之所能及。而且上半部为政治史、下半部为经济文化史。《唐代史事考释》上编大都为唐代政治史，主要是黄先生与司马温公及陈寅恪先生的学术对话，可视为新的袁枢《通鉴纪事本末》（陈寅恪《唐代政治史述论稿》手稿本自序中语）。下编主要为经济史、文化史研究的结集，如《唐天宝宣城郡丁课银铤考释》一文，对唐长孺先生相关考述进行补充发明，据黄先生亲口告诉我，是他复出后公开发表的第一篇论文。还有，《唐代史事考释》由黄先生手定，从学术传承上来说，后学可据其体式探究其学术思想的转移流变。

从方法论来看，《唐代史事考释》显然是乾嘉盛流与"五四"以来新学术接轨的最佳结晶。西方科学的进步，便主要表现在正反两方的反复诘驳质问对话的过程当中，真理最终得到发扬。黄先生与司马温公的对话，特别体现在上编诸篇中仿通鉴考异形式而写成的注释中。黄先生与陈寅恪先生的对话，主要体现在观点与材料的不同认识上。如陈先生强调玄武门之变是李世民勾结禁军将领常何后发动的一次政变，因当时禁军司令部在玄武门，故其位置十分重要，故要抢先占领。黄先生认为李世民并未掌握禁军，之所以在玄武门内设伏，是由于太子建成、齐王元吉入宫听候唐高祖对己有利的"公断"时必经玄武门，这是东宫入宫最近的路线。玄武门之变的关键不在于掌控禁军，而在于袭杀建成、元吉，进行肉体消灭并控制李渊上。玄武门之变史实后来多遭篡改。故南宋朱熹在《朱子语类》中曾批评唐太宗篡改史实，说哪里有三个儿子要拼命，李渊尚在湖上泛舟之事。黄先生也分析了统治阶级内部矛盾和权力之争时父子之别，身为皇帝的父亲对儿子处理起来，反复无定，徘徊困惑，儿子对父亲，则往往连这点感情也抛至九霄云外，所以历史上弑父之事比比皆是。至于近来有人主张玄武门之变发生在玄武门之外，更属皮相之谈。

　　再如陈先生强调西胡种在安史之乱中的作用，黄先生则指出奚、契丹为安史叛军的主力，陈述在《曳落河考释及其相关诸问题》（《历史语言研究所集刊》七本第四分）中就有这样的话语："陈先生具告《安禄山事迹》，'其中契丹委任尤重，一国之柄，十得二三，行军用兵，皆在掌握'。"可见，以陈先生的淹博，焉能未注意到此等材料。黄先生与陈先生立异，主要是出于二人立论角度的不同。陈先生先入为主，过于强调西胡在安史之乱中的影响。

　　陈先生曾撰写《桃花源记旁证》一文，主要阐释当时战乱北方人民避乱自守的实况。唐长孺先生则撰文质疑，认为桃花源记主要来自南方土著的传说。其实，上世纪二十年代河南尚有军民如樊钟秀国民军为避难遁入深山的史事，何况千百年以前呢？详见《顾颉刚读书笔记》。吕思勉先生也曾针对《桃花源记》曰："此篇所叙，盖本诸当时事实。永嘉丧乱之后，北方人民多亡匿山谷，以其与胡人杂处，亦称山胡，亦山越之类。近代尚有此事，观《经世文编》中《招垦里记》可知。"黄先生晚年整理吕先生授课笔记时特别标示出此点。

再如陈寅恪先生《秦妇吟校笺》《长恨歌笺证》以诗证史，黄先生始治《长恨歌》，以其非诗史，续治《秦妇吟》亦持这样的看法。黄先生《长恨歌新解》认为《长恨歌》为风情之作，三大情节与十大细节与史实不符。笔者孤陋寡闻，仅清人龚自珍有类似见解。龚自珍评白居易"真千古恶诗之祖"，"长恨歌'回眸一笑百媚生'乃形容勾栏妓女之词，岂贵妃风度耶？"三大情节之一的马嵬坡之变，黄先生从情理上推论出："玄宗此时高龄已届七十二，贵妃亦已三十八，久已不属青年人徒知沉溺男女之情的年岁，区区床第之爱何如自身安全之重要，玩弄封建政治几及半个世纪、老于谋算的玄宗自能了然于心。当此不能两全之时，宁从高力士和陈玄礼而舍弃杨国忠和贵妃，正是玄宗必然作出的抉择。"

美籍华人学者陆扬先生 2006 年 5 月 8 日以"云中君"为名在往复论坛上发表《陈寅恪与竹林七贤》一文，引起学界热烈讨论，讨论结果汇集为《从"竹林七贤"说到岑仲勉与黄永年》一文，其中有云：

　　黄先生是我相当佩服的学者，我觉得他基本和唐长孺很相似。借用唐自己很贴切的形容，他们二人和陈的学术的关系是所谓的"教外别传"型。也就是说他们是因为他们对中古历史的认识到了一个相当高的程度后受陈的影响或和陈的论点发生论争。他们有他们自己的一套看法，不大会因陈而转移。这当然在唐先生身上更明显些。黄永年唐史方面的著作虽不是很多，但往往重要。比如他讲"泾师之变"的文章，我认为是中国学者写中晚唐政治史中极少数精粹的文字之一。而且我相信是陈寅恪写不出来的。这不是能力问题，而是从陈对唐代政治的认识框架下很难推出该文中的种种线索来，而且该文对历史过程的涵盖很周全。黄的文字在其他方面也有此特点。有时他虽然是在讲文献，但时刻注意到史料的历史内涵。比如他在《唐史史料学》里，就常常指出某种史料中体现的历史层面。他对唐长孺的欣赏是很显然的。几年前他在台湾《新史学》上一篇讲门阀的短文里，就直接说这方面最重要的文章是唐讲大族升降的四篇论文。这本身是高明的见解。其他文字中引唐的见解也很多。所以黄永年的文章表面看来常像是对陈的翻案文章，其实不是。此外他说话也很有勇气，让我印象深刻的是他在讲古文献时提到中华书局《大唐西域记》的校注本，认为序写得不好。我想这大概在国内没有任何其他学者敢提出这种批评。我很想了解他的这种批评的具体依据，因为我也有类似的看法。当然黄永年先生在唐史方面涵盖的面不如唐长孺在魏晋南北朝方面宽广。这很大程度上因为黄很长时间生活在一个无法做研究的环境下。同时再有学识天分的人，也不能独学而无侣。而我觉得在八十年代前，唐史界和魏晋南北朝学界的区别正在于后者有一批水准很高的学者，可以互相呼应，虽然学术环境普遍不佳，终究可以造成风气。而前者虽有大师陈寅恪，却没有这种呼应，以至于陈氏的见解的影响也一度沉寂。所以我猜想对黄而言，陈不是要追随或打倒的对象，而是棋逢对手（worthy opponent）式的对话人。

上述评论十分中肯，但也有需要补充之处。确实陈寅恪先生某弟子曾写过题为《论唐朔方军》一文，主要论证该军为铁勒人为主力的部落制军队，对该军与中晚唐政治的重大关联则着墨不多。至于是否"黄很长时间生活在一个无法做研究的环境下。同时再有学识天分的人，也不能独学而无侣",因为黄先生的论文《〈秦妇吟〉与〈浣花集〉》《唐代两税法杂考》,以及黄先生的武则天研究,无一不是时代学术风潮激荡下的产物。1949 年以后,农民起义是史学研究的主流,所谓"五朵金花"之一是也。均田制与两税法更是上世纪五六十年代史学研究经济史的重中之重。至于武则天研究更是郭沫若在六十年代初倡导,在《光明日报》上连篇累牍讨论的热点问题。参加者有郭沫若、罗元贞、陈振、胡守为、董家遵等人,后来饶宗颐也主郭说。黄先生虽然 1957 年后陷入厄运,被剥夺了论文发表权,但仍然积极参与上述每一场对话,都有学术研讨上的对手。在关于武则天出生地的讨论中,黄先生并给郭沫若去函指出,根据《册府元龟》,武则天不可能出生在四川广元。1979 年黄先生复出后撰写了三篇武则天与唐代政治史的论文,其中两篇《说永徽六年废立皇后事真相》《开元天宝时所谓武氏政治势力的剖析》收入《唐代史事考释》。黄先生晚年又发表《武则天真相》及《李商隐〈利州潭记〉究竟在说什么》,为这场延续三十年的讨论画上句号,所持结论为盖棺定论(参见姚崇新《巴蜀佛教石窟寺初步研究》中有关武则天与广元石窟寺的论述,中华书局 2011 年。姚崇新且认为《李商隐〈利州潭记〉究竟在说什么》是对此诗最详尽、最确切的解说)。由此可见,学人不能脱离时代,学问同样也不能脱离时代。

禅宗形容天才领悟的话语有"从门入者,不是家珍"。时下美国有些成功人士,总结自己的要诀,在于"另类思维"。黄先生一生,虽然有令人艳羡的师承,但实际上很大程度上是一个自学探索者。所谓"路漫漫其修远兮,吾将上下而求索"是也。黄先生十分尊重陈先生,视为自己在唐史研究领域的领路人,但却不盲从,不迷信,在肯定陈先生学说中超越前贤之处的同时,也发现了不够妥帖之处。

黄先生尝说,陈先生的弟子总是在陈先生的圈子里打转转,跳不出陈先生的手心。我曾在旧书店购得 1963 年版周一良先生《魏晋南北朝史论集》，其引言有云："这些文章的立场观点方法都存在许多问题。现在重印出来，只是希望在马克思主义历史科学的建设中，这些资料考订的'一孔之见'能作为几样零件，起个小小螺丝钉的作用。"时间为 1962 年 7 月，与此前发表的《雷锋日记》中的论调何其相似，反映出书作者与时代的关系。周先生受知于陈寅恪先生，该书第 13、53、94 页三引陈先生说，后二说且为陈先生未发表之说。由此可见当时周先生受知于陈先生之深，且往还之密。在周先生看来，陈先生为自己的服膺者，而非对话者。这就决定了陈门弟子为什么后来无法超越陈先生，关键在于缺乏另类思维，这是一个主要的原因。

唐长孺先生是公认的魏晋南北朝史研究权威大家，唐先生的学术高峰《魏晋南北朝史论丛》，印数大，读者多，包括非本行的。其《魏晋南北朝史论拾遗》水准也极高，发扬吕思勉先生、陈寅恪先生的观点，一方面是开拓者与继承者的关系；另一方面也是对话者与商榷者的关系，从而取得了辉煌的成就。唐先生、黄先生俱出吕先生门下。我曾听武汉大学的朋友讲，唐先生案头有一部吕先生著《两晋南北朝史》开明书店精装本，被唐先生翻阅的"韦编三绝"。我也曾读到过黄先生致唐先生一封信札，是唐先生公子唐刚卯兄提供的，信的内容除感谢唐先生惠赠《魏晋南北朝史论拾遗》一书外，主要探讨了门阀士族自南北朝至隋唐的盛衰，就唐代士族真实的历史地位发表了自己的看法。这封信也可视为是一次高层次的学术对话，可为陆扬先生前面的论述作一个注脚。

黄先生是陈氏功臣。黄先生同陈先生对话，既有商榷，也有认同。中华书局 2000 年版黄先生《文史探微》所收《论北齐的文化》不仅支持陈寅恪先生之说，而且得到近年考古发现的证实。有一次我在书店无意中读到谢稚柳先生的《鉴余杂稿》，其中一篇讨论北齐娄睿墓壁画的文章《北齐娄睿墓壁画与莫高窟隋唐之际画风》（原载《文物》，1985年第7期）指出，敦煌莫高窟的北魏、东魏壁画，过去认为代表整个北朝的水平。北齐娄睿墓壁画出土，却揭示了魏与北齐之间画派出人意外的不同，魏与北齐，时期是衔接的，北齐的水平一下子就高出了一大截子。敦煌莫高窟盛唐壁画，显然来源于北齐。这为黄先生之说补充了有力的考古新证据。

前面陆扬先生还指出，"此外他说话也很有勇气，让我印象深刻的是他在讲古文献时提到中华书局《大唐西域记》的校注本，认为序写得不好。我想这大概在国内没有任何其他学者敢提出这种批评。我很想了解他的这种批评的具体依据，因为我也有类似的看法"。黄先生认为中华书局《大唐西域记校注》前言写作枝蔓，其中第50页论唐均田制，注释未引原始文献，而是转引范文澜《中国通史简编》。我本人也发现，其第39页："李唐统治者的血统也不是没有问题的。李唐统治者从父系来讲，实际上是李初古拔的后裔，并不是汉族。从母系看，什么独孤氏，什么窦氏，什么长孙氏，都不是汉族，所以李唐的血统，在当时看来并不高贵。"并注引自陈寅恪《唐代政治史述论稿》。其实，陈先生的结论在《述论稿》中本已讲得很清楚："据可信之材料，依常识之判断，李唐先世若非赵郡李氏之'破落户'，即是赵郡李氏之'假冒牌'。""李唐血统其初本是华夏，其与胡夷混杂，乃一较晚之事实也。"中华书局版《仰望陈寅恪》中同此说，认为李唐父系、母系均为胡人而非汉族，恐袭自此说。此外，序言中没有写清楚寺院经济为宗教马尔克公社性质，而是照搬唐代贵族地主与中小地主斗争说；也未说清均田制真实含义及作用；当然对于《大唐西域记》的版本校勘也语焉不详。

当然，黄先生也不排除、不反对而且很赞同学术研究中按常理推论解决问题。这里所举黄先生《古籍版本学》"书册制度"有关"旋风装"的论述，便是一个显著例子。2012 年 11 月 9 日我在中山大学"中文古籍整理与版本目录学"国际研讨会上得闻国家图书馆程友庆先生宣读《古书旋风装形制赘言》一文，程先生列举五种异说：1. 旋风装即蝴蝶装。2. 旋风装即龙鳞装。3. 旋风装即经折装。4. 旋风装即类龙鳞装。5. 旋风装即包背式经折装。程主第 5 说，并以黄先生《版本学》中的论点为出发点，认为黄先生的解释说旋风装即包背式经折装比较符合实际。因为黄先生反对旋风装即龙鳞装，提出据常理认为龙鳞式最多只能节省点卷子的长度，怎么能旋得起风呢？这句话也正是许多人心中的疑问。这个常理上的推断在此次会议上得到印证。会议上根据顾廷龙女弟子，曾供职于上海图书馆的装裱师周美娣女士发言："1964 年在北京讲习班学习，师傅说，龙鳞装与经折装完全不同，经折装、旋风装亦有区别，如经折装前后包一张书皮，念经时，用木鱼棒倒着翻，可以无限翻，故称旋风装。"潘女士并做了现场旋风演示，让大家大开眼界。就这样，确定旋风装即包背式经折装，这样旋风装真义始得大白于天下。

　　《唐代史事考释》中有不少篇章如《读陈寅恪先生〈胡臭与狐臭〉——兼论狐与胡的关系》《〈纂异记〉和卢仝的生卒年》《〈秦妇吟〉与〈浣花集〉》都充分利用了《太平广记》中的材料。我听黄永年先生讲授这门《太平广记》课是研究生第一学年上学期，时间是 1985 年 9 月至 1986 年 1 月。黄先生为北京大学中文系古典文献专业讲授此课大概也在此前后。这门课让同学们领略了清代朴学的札记功夫，懂得了什么才是真正读书以及"做学问，除了读书、作札记，别无他途"的道理。黄先生 2005 年 2 月在周晓薇同学《四游记丛考》序一文中就说："二十五年前我重登大学讲坛指导唐史研究生，就曾指出如今通行的哲学史思想史，只是讲彼时高级知识分子的哲学的思想，这并不能代表一般人——从平民百姓乃至

帝王统治者的思想。一般人的思想正史里固也涉及，看先师吕诚之（思
勉）先生的《吕著中国通史》和《先秦史》等四部详博的断代史可知道，
但更多的还在史书所不及备采的杂记小说之中。我在 1985 年应北京大
学中文系之邀，除讲授版本学和《旧唐书》研究之外，还开了一门《太
平广记》研究，即在这方面做了试探。"黄先生晚年在他八十寿辰庆祝
会上所散发《对指导研究生的自我评估》中就提到此门课程的创新性。
后来学术界流传着这样的一段佳话，凡是喜好在自己的论著中征引《太
平广记》的，都可能是黄先生的学生。后来，黄先生后来不仅让研究生
撰写了《〈孟子节文〉研究》，自己还撰写了《读〈全明文〉看朱元璋》《从
三峰钟板的恢复说清高宗对世宗时事的翻案》，探讨了朱元璋、乾隆帝
等统治者的思想及阴暗面，也颇为引人注目。

　　黄先生首次研读的《太平广记》是从吕思勉先生处借来的三让睦记
本，当时他还是一个 20 岁出头、风华正茂的年轻人。我们注意到，吕
思勉先生另一位大弟子唐长孺先生，也熟读《太平广记》，对其中的材
料信手拈来，堪称以小见大的典型。如《三至六世纪江南大土地所有制》
"后论"中说明庄园土地效率不高，引《太平广记》卷一二七"还冤记"
中刘宋永康人吕庆祖在别墅督促奴婢耕种时，被奴教子杀死之事；再如
论述夏国赫连勃勃使用俘虏补充工匠，引《太平广记》卷一百十"南宫
子敖"条说子敖在新平城被破时被"狒狒虏儿（勃勃）长乐公"所俘，
全城数千人尽被屠杀，他却因自称能做马鞍而免于一死。这段故事如果
与蒙古入侵时的情况相比较，可以说明落后部落对手工业者的需要。因
此，陈寅恪先生指出："《太平广记》为小说体裁，小说亦可作参考，因
其虽无个性的真实，却有通性的真实。"

　　最后再谈一谈《唐代史事考释》与中国文史传统中"老年结集"故事。
过去老一辈的学人大都相信老年结集的说法，以显示治学之谨慎。黄先

生也不例外，这本于学术上的认真态度。从撰述时间上看，这部论文集结集的时间跨度从上世纪四十年代后期至九十年代，前后接近五十年。偶读余英时先生怀念钱穆的《犹记风吹水上麟》一文，余先生曾这样归纳钱穆先生的学术："他是开放型的学人。他相信，各种观点都可以用之于中国史的研究。然而学术价值的高下仍有客观标准，也不完全是时人的评价即能决定，时间老人最终还是公平的。他总是强调学者不能急于自售，致为时代风气卷去，变成了吸尘器中的灰尘。但是他承认三十年代的中国学术界已经酝酿出一种客观的标准，可惜为战争所毁，至今未能恢复。"这段话对于黄先生及《唐代史事考释》也是适用的，因为三十年代的中国学术界酝酿出的客观标准，正是吸收清代学术菁华与域外新知而来，而黄先生本人探微发覆的学术历程正是由这个路数迤逦而来，契合于钱穆先生所说"学者不能急于自售，致为时代风气卷去"。有一位学术前辈素来为我景仰，他有一本论文集，我在三十年前阅读时，篇篇佩服！三十年后的今天，却只认为集子的最末一篇可以传世，堪称大轴之作。以我浅陋的学力，尚有此等眼光，更何况在历史的激流中，更是要大浪淘沙呢！

　　至于本文的篇题"只今耆旧贞元尽"，本是黄先生的诗句。先生旧诗有云："寒柳高文日月光，韦郎卷子亦评量，只今耆旧贞元尽，还拈遗篇说李唐。"如今老宿凋零，学术衰微，撰写此文，不觉有前尘梦影之感！

从《宣和遗事》谈元代平话的多样性

——兼与卢世华先生商榷

程毅中

　　《宣和遗事》前人多认为是话本，二卷本的藏家黄丕烈据《述古堂书目》称为"宋人词话"，以卷中"惇"字避宋光宗讳，定为宋刻。但书中有"卜都之地，一汴、二杭、三闽、四广"之语，今人都认为编定于宋亡之后，实为元刻本。鲁迅《中国小说史略》第十三篇《宋元之拟话本》把它称为"拟话本"，却是一种创见，近人又把"拟话本"的称谓专用于明清人的短篇白话小说，实在与鲁迅的意见不同了。鲁迅说它："按年演述，体裁甚似讲史。惟节录成书，未加融会，故先后文体，致为参差，灼然可见。"因此称之为"拟话本"，是说它对素材"未加融会"，是摹拟讲史家的文体而编写的小说。

　　关于《宣和遗事》的性质和年代，存在不同意见。我基本上赞同王利器先生的解释，见他的《〈宣和遗事〉解题》（《文学评论》1991年2期）。我归纳王利器先生的论点并稍加补充，分述如下：

　　1.《宣和遗事》的元刻本后集末页尾题作"新话宣和遗事后集终"，清修绠山房刻本尾题作"新镌平话宣和遗事终"，刻印者当有所据。《述古堂书目》把它列为"宋人词话",用了词话的名称,则是误解。

2. 前集在《历代君王荒淫之失》一节之后,接着说:"今日话说的,也说一个无道的君王,信用小人,荒淫无度,把那祖宗浑沌的世界坏了。"又有"话说宋朝失政,国丧家亡"等话,都是说话人的口气。王利器先生认为"必出于书会中人所编写"。按鲁迅的分析,全书十段故事里至少有第四、第五、第六、第七段"皆平话体",第一段言历代帝王荒淫之失的故事,也用白话叙述,"盖犹宋人讲史之开篇"。其馀几段多摘抄史书,但多处引诗为证,亦似平话体。

3. 书中有许多说话人的习语,常见于平话或小说。周绍良先生的《修绠山房梓〈宣和遗事〉跋》也说它多有"话本上习用的句子",还说其中宋江故事,"可以看出这是说话人使用的提纲"(《绍良书话》,中华书局2009年1版,111页)。黄永年先生《记修绠山房本〈宣和遗事〉》也说"苑峰(张政烺)先生据以定《遗事》为平话自可成立"(《黄永年古籍序跋述论集》,中华书局2007年1版,34页)。

4. 元刻本和修绠山房本书前都有较细的分节目录,体例与《五代史平话》相同。

5. 书中有"一汴、二杭、三闽、四广"之语,应为元刻本。王利器先生认为是宋、金、元三朝北方书会编定的话本,也就是说,它也是世代累积型的作品。汉语史学者刘坚先生把它选入《近代汉语读本》(上海教育出版社1995年2版),认为是元代说话人所用的资料辑录。

6. 书中辑录了许多宋代的文献资料,也是不可忽视的。如书中用了"省元"一词,明人胡应麟认为是元人的语言,其实"省元"是宋代通行的名称,指礼部省试的第一名,见于《宋史》卷一五八、四二三。周密《齐东野语》卷十六《省状元同郡》条列举的省元人名可为确征(原文云:"抢魁、省元同郡,自昔以为盛事。熙宁癸丑,省元邵刚、状元余中,皆毗陵人。……")。如欧阳修就是省元,见于《邵氏闻见录》卷八、《湘山野录》卷下、《默记》卷中、《分门古今类事》卷十引《幕府燕闲录》。《宣和遗事》前集末提到的吕省元《宣和讲篇》,即宋人吕中的《宋大事记讲义》卷二十二《小人通敌》条。"南儒"则金代就有此称,不一定元代才有。胡应麟的说法误导了许多人。

为了说明《宣和遗事》引录史书的实例,这里不妨摘抄《宋大事记讲义》开头一段原文,与《宣和遗事》的引文作对比:

> 世之言宣和之失者曰:辽不可攻,金人不可通,燕山不可取,药师不可任,张觉不可纳。然皆非根本之论也。盖庆历景德之时,敌势方强,故未有可乘之机。至天祚失道,内外俱叛,实有可取之衅,则攻辽非失策也。金人固不可遽通,然以方张之势,毙垂尽之敌,他日必与我为邻,则通金人亦未为失策也。

再看《宣和遗事》的引文:

> 世之论宣和之失者道:宋弱不当攻辽,不当通女真,不当取燕,不当任郭药师,不当纳张毂(按:《宋史》、《金史》作张觉,此同《辽史》)。这简未是通论。何以言之?天祚失道,内外俱叛,辽有可取之衅,攻之宜也。女真以方张之势,毙垂亡之辽,他日必与我为邻,通之可也。

显然《遗事》的编者对原文已作了删改。如把"曰"改作"道",把"然皆非根本之论也"一句改为"这简未是通论,何以言之",就是说话人通俗化的话头了。但是像"女真"和"金人"的差异,可能是《四库全书》

的编者改动的，因为后面还有"粘罕"《四库》本作"尼雅满"，"虏酋"《四库》本作"金人"，"虏至燕而燕降"《四库》本作"敌至燕而燕降"等，无疑出于馆臣们所改，倒是可以根据《宣和遗事》来回改的。

前人看不到《宋大事记讲义》，又没注意"省元"一词的来由，曾误判为元代的语汇。现在我们有条件看到《四库》本的原书，就有了新的理解。因此我们对古籍一定要认真研究，不能轻易下结论。

最近出版的卢世华先生《元代平话研究》（**中华书局 2014 年 1 版，以下引此书只注页数**）一书，把《宣和遗事》排除在平话之外，似乎因为它书名上不称"平话"，而且也不是讲一代的政治历史。卢先生对元代平话进行了细致的研究，有不少新见给了我一些启发，引起我的重新思考，我觉得有些问题还有待深入探讨。现在即以《宣和遗事》为例，提出一些问题来商榷。

一、《宣和遗事》元刻本尾题作"新话宣和遗事后集终"，修绠山房刻本尾题作"新镌平话宣和遗事终"，据说还是"据宋本重刊"。是不是后人妄题，还需要讨论，作出回应。

二、《宣和遗事》"节录成书，未加融会"，但书中也有一部分白话的叙事，有相当通俗生动的语言，应来自宋人说话的文本。认为《宣和遗事》不是平话的卢先生说它："内容也不是军事战争和政治斗争，而是穿插许多小说家的故事，如李师师故事、梁山好汉故事等。它的主要部分是文言的历史杂抄，比例不大的白话文显然主要出自说话之小说家，而不是讲史家……"（9 页）。这一点我非常同意，特别是李师师故事，长达七千多字。完全可以视为宋末元初的一篇小说家话本，比现存残页的《红白蜘蛛》详尽多了。因此，我准备把它摘录出来，加以校注，作为宋元小说家话本集的补遗（《近代汉语读本》也选录了这段，认为"全是元人语"）。

这里不妨先看一下，李师师故事在《宣和遗事》里是安排在宣和五年到六年的。话中提到的有张商英的奏本，杨戬、高俅两人诱导徽宗去私行宿娼，接着才有曹辅上书劝谏，从而被编管郴州居住的事。但按《宋史》等史书上的记载，张商英和杨戬都死于宣和三年，曹辅上书诤谏是宣和元年为徽宗屡幸蔡京私第而起的，本来无关李师师的事。可见说话人编次的话本，正如《都城纪胜》所说，"小说者能以一朝一代故事顷刻间提破（《梦粱录》作"捏合"）"，并不是完全复述史书。《宣和遗事》里摘抄史传，除了节略不当之外，也有刻意编造的拟构。

三、《宣和遗事》全书辑录了许多资料，包括小说家的话本，书中还有不少说话人的"留文"和习语，就不能说是历史杂抄，而是说话人的讲稿资料。经过分析比较，我认为它正是一个介于提纲式和语录式之间的说话人底本，比元刻平话更为原始。正因为它"未加融会"，所以我们更相信它是讲史家的一个资料本。讲史人抄录了许多史料，还没有加以"融会"，准备到临场时再加发挥铺叙，而纳入的宋江三十六人故事和李师师故事，则移植了小说家的话本。当然也未必全文照抄，如宋江故事在元初恐怕已比此丰富。光凭这两段故事，《宣和遗事》在小说史上就具有特别重要的价值。

四、《宣和遗事》按鲁迅的分析，第一段和四段、五段、六段、七段，"皆平话体"，就是说前集部分大体是平话体，只是后集大部分抄自《南烬纪闻》《窃愤录》等书，"未加融会"，"先后文体，致为参差"，因此说它是拟话本。但明代以后的拟话本倒是会注意文字的融会修饰的，而元代以前还没有拟作话本小说的风气，只可能是书会才人拟作了脚本（如王利器先生所说），准备提供给说话人演讲。更可能是说话人自己编辑的资料本，后集部分还有待加工融会。说书艺人一边演讲，一边继续编写脚本，这是常有的事。元代曾有一些文化修养很高的讲史家，如元代至正丙午（1366 年），杨维祯所遇见的"腹笥有文史"的朱桂英女士，就能讲"道君艮岳及秦太师事"（《东维子文集》卷六《送朱女士桂英演史序》），她自己一定会抄集这些资料以备临场发挥，不必借助于其他文人儒士。卢先生也认为《宣和遗事》的"作者必然是一位有着说话伎艺、也有文章驾驭才能的儒士"（51 页）。既然有着"说话伎艺"，那么他编出的小说文本就可以说是话本了。参照今天评话界的实况来看，苏州评话老艺人陆耀庭和顾宏伯，都有说《三国志》的脚本，是自己编写的稿本，都把一部分脚本送给了学生王忠元。王忠元自己又整理了一个新脚本。2015 年 5 月 18 日，王忠元遗孀华琦把三种脚本都捐赠给了苏州评弹博物馆，成为一时佳话（何兵《留住名家珍贵史料，三部手稿展现戏痴情怀》，据《古代小说研究网》转载 2015 年 5 月 20 日《姑苏晚报》）。说书艺人整理了自己的脚本，最后传给了徒弟，也是说书界常有的事。有些话本就是这样流传下来的。即使如鲁迅所说，它是文人摹仿话本而编写的"拟话本"，那么它也像冯梦龙增订的《新平妖传》那样，还保存着《三遂平妖传》的基本内容。

　　五、如按卢先生所说，它只是史料杂抄，那就应是一种杂史笔记，为什么又在书中加上入话诗和四段白话的故事呢？《宣和遗事》按照说话的格式开场，用了不少口语化的叙事，至少应如鲁迅所说，算作一个"拟话本"。但"拟话本"作为一种文人新创的通俗小说，是要给读者看的，理应写得更顺畅、更完整、更通俗一些，做到文通字顺，体例统一，就像明代人所拟作的小说家话本那样。而《宣和遗事》却是文白兼容，前后参差，"未加融会"，像是只给自己用的资料本。

　　卢先生一再说，平话是作者记录了说话人的表演或者进行了模仿（如 70 页）。如果直接记录了说话人的表演，那么就可以说是语录式的繁本了，为什么还要拟构一个平话作者来再创作呢？如果说模仿的是说话人的底本，现存的是文人的再创作，那么哪些内容是新增的，又何从认定呢？事实上元刻平话对讲史家的说话语录，一般都是以删节为主的（详下）。

我们从说唱文学的历史来看，唐五代就有《庐山远公话》《韩擒虎话（画？）本》等抄写流传的文本，清代也有《飞跎全传》《清风闸》《龙图耳录》等艺人整理过的话本（稍晚的《三侠五义》据说是听众记录的"语录"），宋元时代的说话人怎么就不会抄写自己的脚本呢？如苏州评弹博物馆收藏的脚本，我只见到一种讲史评话《隋唐》脚本的残卷，是艺人吴子安自己的抄本，其馀多数是弹词的抄本和刻本。评话脚本留存较少，可能是因为篇幅太长，抄写不易。现在能见到的都是现代老艺人加工整理的新版本，如唐耿良整理的苏州评话《三国》，王少堂整理的扬州评话《武松》等，但其中都有历史传承的基因。我认为，说书人的脚本有提纲式的简本，也有语录式的繁本。这种繁本如果是艺人自己整理后传给徒弟或子弟的，就是第一代的话本；如果是徒弟记录而再加整理的，那就是第二代的话本了。由听众当场记录的可能性是极小的。当然，徒弟们到临场演说时必然又有所发展，有所变异。这就是俗文学流传中保持着变异性、匿名性的原因。直到明代嘉靖年间，由郭勋组织说话人编创的《英烈传》话本，其早期刻本《皇明开运英武传》还是抄录了许多杂史资料，文字比较粗糙，还注明了出处，和《宣和遗事》体例非常相似。后来屡经修订，才形成了比较成熟的演义小说《云合奇踪》（参看拙作《〈英烈传〉与明代历史演义小说》，《明代小说丛稿》，人民文学出版社 2006 年 1 版，93～101 页）。从《英烈传》的演变过程我们就可以大致了解从话本到演义小说的发展史，也提供了平话演化成不同版本的实证。

《宣和遗事》中李师师的故事长达七千多字，大概来自宋末元初的小说家话本，比《红白蜘蛛》详尽多了。认为《宣和遗事》不是平话的卢世华先生也说它"穿插许多小说家的的故事"（9 页）其中有"小说家的话本"，这是元代刻印的版本。因此，《宣和遗事》不但是刻印于元代的平话底本，而且其中还保存了一篇李师师故事的"小说"。

我的解释是：《宣和遗事》抄集了许多资料，还没有全面加工，正说明它基本上还是一个近于提纲式的资料本。我们知道，说书艺人的底本，大多只是简单的提纲。如苏州弹词的旧脚本，往往是简本，一般只记唱篇而不记说白。《宣和遗事》还没有经过仔细加工，文白混杂，文字粗糙，正说明它原来是艺人自备的脚本，不过书坊主鉴于听众的爱好和需求，却不加修订拿来出版了。建安虞氏书堂刻本的平话可能曾做了一些初步的整理工作，编成了一套平话丛书。

有些研究者看到《宣和遗事》文字简略，后半部都是摘抄史书，就否认其为说话底本，不知道说话人的底本有的只是抄辑资料的简本，准备临场铺衍发挥。我们研究古代话本，也要了解一些说唱文学的历史，最好还要听听现代的评话、评书，了解一点说书艺人创作和传承的过程。这种简本现代北方的说书艺人称为"梁子"，宋元的书会称为"掌记"。元刻《三国志平话》又名《三分事略》，就说明他只是一个简略本。"元刻杂剧三十种"就是杂剧的"掌记"，只记唱词，不记科白。我们看到这种简本，也不能据此断言元代杂剧只有曲文，现存的剧本都是明代人的再创作。同理，元刻的平话如《三分事略》《薛仁贵征辽事略》本身已说明它只是节略版，场上说话必然更为丰富生动。但由于"看官"们还想对照着话本来听，就像现代的观众需要看字幕一样，就有了刻版印刷的需求。像"元刻杂剧三十种"那样的简本，除了少数演员需要用来照本搬演以外，大概还有"看官"们看戏对照的需要，否则印数极少，书坊主怎么会刻版发行呢？我记得，以前广播电台播放戏曲、曲艺时，也曾应听众的需求编印过不少《戏考》呢。

　　顺便再谈一下《三国志平话》的问题。卢先生对《三国志平话》作了非常仔细的研究，认为《三国志平话》"是元代最成功的平话作品"。接着得出结论："平话作为历史小说的起点，向我们再一次展示了这个文学规律：优秀的新的文学样式是来源于民间的创造，然后被文人采纳创作新的名著的，它们的生命力非常强大。"（241 页）这在理论上是正确的，但平话之前的起点正是民间的讲史说话，我们不能不给予应有的重视。

　　卢先生还说，《三国志平话》的语言不如《五代史平话》"严谨流畅"，"与《三国志平话》来自真实的口语有关，许多句子语法不通，可是从口语的角度来看，是很好理解的"（237 页）。来自真实的口语，说明它是用当时的口语写的，或记录自一部分场上的说话。但《三国志平话》不可能是书坊主听了说话后做的记录，而且还有删节话文过多的迹象，书中有许多不通不顺的词句，如郑振铎先生曾指出的那些问题。《三国志平话》实际上是一部很不成功的作品，因为它离"说三分"的"真实的口语"已经很远了。

　　卢先生忽略了《三分事略》版本的存在。《三分事略》可能真有前至元甲午的刻本（详见刘世德先生《谈〈三分事略〉：它和〈三国志平话〉的异同和先后》，《文学遗产》1984 年 4 期），早于至治虞氏刻本，但现存的则是一个极粗劣的"照元"翻刻本（"元"即"原"字，在元代以前都用"元"字。参看拙著《宋元小说研究》284 页）。其扉页中间刻有"甲午新刊"四字，两边题有"新全相三国志故（残存上半字） □"六个半字，缺字应为"事"字。其祖本可能就叫《新全相三国志故事》。与之同一源的至治虞氏刻本《三国志平话》版刻很精，但文字并未增订，可能为了编入丛书而一律改称为平话了。所以题名"平话"与否，并不能决定其性质。正如《大唐三藏取经诗话》又名《大唐三藏取经记》，其实内容并无不同。讲史话本因篇幅曼长，刻印费工，书坊主就会加以删节，以利销售，称之为"事略"，还算讲一点诚信。"说三分"已有悠久的历史，内容丰富，话本一定很长。其中可能还有北宋讲史家霍四究传下来的遗产。《三分事略》则是一个删节过甚的版本。虞氏刻本与之同源，未加增订。元刻平话与讲史说话还比较接近，是研究宋元话本最重要的资料。但仔细看来，找不到平话作者是什么人的线索，也得不出"作者"到底有哪些再创作或增订的痕迹，而《三分事略》已是经过删节的版本。书坊主人刻印时不免会作些加工整理，可是从现存的平话看，只有删节的迹象，却找不到增订的证据。因此我们研究宋元话本，也只能依据这类大体上接近说话的文本了。

　　书坊主人刻印平话时，多少会对底本加一点修订。但从《三国志平话》的文字看，显然是没有积极的修订，反而是消极的删节很多。还有许多音近而讹的错别字，恐怕是记录传抄之误，这是说唱文本里常见的现象。因此我认为它是一个由繁本删节而成的简本。卢先生也认为，"《三国志平话》所作的删节应该是最多的"（73 页），那么，被删节的祖本就相当于语录式的繁本了。简本删节过甚，就令人无法理解，例如《三国志平话》卷中讲到曹操勘吉平之后，有一段话："无数日，曹相请玄德延会，名曰'论英会'，唬得皇叔坠其筋（应是"箸"字之讹）骨。会散。"如果不参照《三国志演义》里《青梅煮酒论英雄》一节来看，又怎能知道它讲的是什么呢？（参看拙作《从〈三分事略〉谈话本的繁简》，《三国演义学刊》1，四川省社会科学出版社 1985 年 1 版，48 ～ 55 页）

　　再结合其馀的元刻平话来看，都有从史书抄来的引文，也都有虚构失实的情节，都有或多或少的讹误，都有说话人的套话习语。它基本上近于语录式繁本的类型，与场上说话比较接近，但不可能是实况录音式的整理本。读者当然可以把它当作白话小说来看。因此平话的著作权还是应归于讲史家的群体，传承者应是说话人的徒弟或再传徒弟，也就是历代的说话人。从文字的层次看，《秦并六国平话》里助词"底"字用了四次，没有用"的"字，而《宣和遗事》《三国志平话》则"底""的"两字并用，似乎《秦并六国平话》定稿的年代更早一些，因此抄录自史书的资料更多。据汉语史学者的研究，"'的'最终取代'底'的时间，大约是在元代中叶"（刘坚等著《近代汉语研究》，语文出版社 1992 年 1 版，144 页）。周兆新先生也认为《秦并六国平话》属于以复述史书内容为主的一派，与其他四种平话有所不同（《讲史平话的两大流派》，载《神鬼情侠的艺术世界》，中共中央党校出版社 1994 年 1 版，126 页）。

当然，说话人的底本有不同类型。如《宣和遗事》里抄录的史料特多，虚构的情节较少，后集部分还是资料性的素材，虽然篇幅很长，但近于提纲式的简本。我反复思考之后，更相信讲史家的底本最初一般是比较简陋、粗疏的；比较完整的语录式的话本，应是徒弟们记录或说话人晚年自己整理后传给后人的。这在短篇的小说家比较好办，李师师故事就给我们提供了一个实例。清代话本如浦琳的《清风闸》，从文字上看还很粗糙，情节也有些粗疏，还不如小说家的《三现身包龙图断冤》写得周密。石玉昆的《龙图公案》据说是听客祥乐亭等多人记录下来的（见崇义《道咸以来朝野杂记》），但唱词和赋赞却被省略了。其后身《三侠五义》又有所修改，但俞樾仍称之为"平话小说"，还保留着石玉昆的著作权。

元代以前，话本还保持着民间文学的特色，除了口头性无法体现，传承性、变异性、群体性和匿名性的特征都有所保留。平话的作者无从考证，正因为当时它的著作权还属于说话人的群体。从说话艺术的发展看，从说话到元刻平话，恐怕不能说是历史性的飞跃，倒可以说是一大退步，因为书坊主往往作了伤筋动骨的删节。因此不少研究者对平话的评价相对偏低。现存平话在没有更早的祖本可资比较的前提下，我们只能相信它当时是讲史说话的节略本，也无法认定它是文人再创作的通俗小说。《宣和遗事》虽不像世代累积型的话本，但编者却突破常规，引入了小说家的话本，也不顾忌侵犯别人的著作权。元代平话有简本，有繁本，有介于二者之间的稿本。简本有说话人的资料本，也有书坊主的删节本；繁本有说话人记录的，也可能有名公、才人拟作和整理的。名公、才人拟作的话本，也像杂剧一样，是为艺人提供的脚本，但不宜称为"拟话本"。现知署名的只有陆显之的《好儿赵正》一种 (见《录鬼簿》卷上。另有一种金仁杰的《东窗事犯》小说，存疑)，惜无传本。宋元时期的讲史家有很多是文化修养较高的，号称为"书生""解元""进士"等，实际上与书会才人并没有多少差别，这确是特定历史时期的一个特殊现象，很值得深入研究。如《秦并六国平话》的作者对史书很熟悉，但话中又有不少错解和谬误，插入了许多浅俗重复的诗赞。小说、戏曲在抄本流传的阶段常有不断修订的异本，这也是常规。平话的题材繁富，体例各异，名称多样，充分体现了俗文学的变异性，因而造成了一些疑案，从而引起了我们不断的争议。我相信，随着旁证资料的不断发掘和研究方法的逐步完善，历史的真相能越争越明。

郑笺有作，楚艳斯彰
——读《吕留良诗笺释》

李科

　　诗文别集的整理，是中国古代文学和文献学研究的一项重要且基础的工作，同时又是一件得力不讨好的工作。这项工作之所以重要且基础，是因为别集的整理为古代文学等相关领域研究提供了最基本的研究材料。不论今天中国古代文学的研究衍生出多少新的研究领域和方向，如文学史的研究、文体的研究、作家作品的研究、文学接受的研究、义学流派的研究、文学地理的研究等，都离不开对历代文人诗文作品的分析与研究。而历代文人的

诗文作品能够流传至今，主要依赖别集和总集的保存。总集虽然是保存诗文作品的重要形式，然而历代总集多为选集，且受制于篇幅、体制、编选标准等因素，因此其保存历代文人诗文作品，不论数量和广度，都相当有限。别集不同于总集，其在保存个人诗文作品方面，较总集更为全面，因此更能够反映作者不同时期、不同题材的诗文全貌。而且历代数量庞大的诗文别集所构成的古代文学世界，更是远远超过诗文总集所能呈现的。

虽然别集作为古代文学等相关研究的基本文献资料,在保存历代诗文方面有比总集更重要的地位,但是别集这一类文献本身却相当复杂。就编纂者而言,有作者自订、子孙后学所编、后世书商纂辑、后世学者编纂之分;就版本形式而言,有稿本、钞本、刻本之不同;就内容完整性而言,有全集、选集、残本之别;就体例而言,又有分类、编年之殊;就字句而言,又有讹、脱、衍、倒、异说兼存的情况;就篇章而言,有伪作、他家杂入、佚篇、残句之异。此类问题在各家别集中,都或多或少存在着。而诗文别集的整理,首先即要根据相关作者别集的具体情况,整理出一个可供研究者使用的本子。但是因为历代别集存在上述复杂的问题,也使得别集的整理有一定的难度。例如自订诗文与集外诗文的关系、体例的选择、文字的校勘、篇章真伪的考订、佚篇的辑录等,每一个方面都牵涉至广而考订至细。

在整理出可靠文本之后,是否需要注释,以及如何注释,又是别集整理的另一个重要问题,甚至是较整理可靠文本更难。盖文本之整理,不论文字校勘、篇章考订、佚篇辑存,多可力至,而诗文注释,如笺释典故、串释大义、索隐本事,则非但学力而已,必兼具情思,以意逆志,尚友古人,方能如郑康成之笺《毛诗》、王叔师之注《楚辞》,使注释之文与作者之旨若合符契。而且历代各家,诗文内容与风格不同,或记事叙史,或言性说理,或发抒幽情,或文从字顺,或雕琢精工,因此笺注时训释典故、索隐本事、串释文意、辑录汇评,各有偏重。因此,别集之整理,可谓力勤而难工,稍有不慎,即为读者讥评。

中华书局新出桐乡俞国林先生所著之《吕留良诗笺释》一书,可谓近年来别集整理之新尝试,同时也树立了别集整理之新范式。何以言之?兹从文本考订与内容笺释两方面来说明。

一、文本考订

从文本考订方面而言,《笺释》一书在定著篇章、是正讹误、考订编年三方面具有可借鉴的意义:

(一)定著篇章

整理古文献,辑补阙佚,删除重复,定著篇章,编定一个可供阅读的文本,这种做法在中国具有悠久的传统。西汉末年,刘向、刘歆父子校书中秘,对中秘所藏文献进行整理时,即合校众本,补阙去重,定著篇章,而为后世法。定著篇章,虽然一语可概,但是定著篇章的过程却甚为复杂。首先,需要厘清文献的版本情况。吕留良一生著述甚丰,但其所为之诗,生前未尽手订刊刻。其殁后,又因曾静案而受牵连,著述遭到禁毁,故其诗多以钞本潜存。根据郁震宏先生《笺释序》及作者《笺释·前言》所言,作者在编定《笺释》之前,访书十三省,梳理了现存吕留良诗集各本的情况,包括鉴藏、形制、篇章多寡以及文字差异。这对于辨别各本优劣,确定以哪一本作为定著篇章以及后面校勘文字的底本至为重要。最后作者决定以上海图书馆藏御儿吕氏钞本《何求老人残稿》七卷作为底本,在此基础上辑补佚篇、编年考证、校勘文字,正是在综合考虑各本的情况之下做出的选择。在厘清版本,并确定底本后,要根据底本的体例以及各本之间的关系,从而选择适合的体例,并对篇章进行补阙去重。上海图书馆藏御儿吕氏钞本《何求老人残稿》七卷,内有《万感集》《怅怅集》《梦觉集》《真腊凝寒集》《零星稿》《东将诗》《欬气集》七种,多为晚村旧次,《笺释》一书在《何求老人残稿》原有体例的基础上,根据吕留良心迹、各诗年月以及各本所收诗的出入,予以辑补调整。如卷一《万感集》,经作者考定,以《寄秦开之先生》《看张鉏庵种菊醉歌》《送子度游吴门》《流别社中诸子》与《登句曲毗卢阁》数诗原编不确,而重为厘定。又从《东观集》《集外诗》中分别辑补《忆故山乡里》一首与《道中感事》《同胡天木孙子度订冬装诗约》《送杜退思之金陵》及《饮四兄处与曹叔则分韵》四题五首入《万感集》。又如卷二《伥伥集》，原编六十一题一百四十二首，作者据《伥伥集删》辑得十题十二首，据《集外诗》辑得三题五首，据管庭芬钞本辑得二题三首，并编入《伥伥集》中。《笺释》这种做法，既在最大程度上保持了《何求老人残稿》的原有体例，同时又辑补逸诗，厘定混乱编次，使得各集所录诗作与各集编年时限相符。正因作者会聚众本，悉心考订，去其重复，辑其散佚，定其篇章，复其完帙，而使今之治吕晚村诗者，始有定本可依。

（二）是正讹误

别集之整理当重校勘，因为诗文别集不似经史著作，历代多有校勘审定，除少数大家的别集外，少有精校之善本。然而自古及今，文人或以才高而不屑从事于校勘，或以自负所学而好改易文字，以为"某"作"某"不断是非，机械而不足以鸣学。但是校勘之学，本为专门之学，表面看来似机械，但实际上却甚难为工。近代四川学者吴之英言"书非严校不为功，校非异本莫摘疵"（《二十年来之校勘学》），即书须严校，而校勘必广备众本，方能摘其讹谬。《笺释》一书，作者既会聚众本，补阙去重，定著篇章，又极重校勘。按，晚村诗集，向以钞本存世，辗转传写，不免鲁鱼亥豕，且未经严校，异文讹谬之源流因革，亦复混淆难明，所以董理吕留良诗集，校勘又是重要一务。《笺释》一书以吕氏钞本《何求老人残稿》为底本，而校以钞本十数种。其所校之文，如卷一《东庄闲居贻孙子度念恭兄》二首之二"无赖向桑田"句，校记云："严钞本、《释略》本、怡古斋钞本注：一作'赖是向桑田。'张鸣珂钞本作：'赖是向桑田。'"此条兼存两说，不断是非，大概以二说皆通。又卷二《寄晦木次旦中韵》五首之三"报君休记梅山屋"句以《释略》本、诗稿本、管庭芬钞本作"梅山",严钞本、怡古斋钞本、张鸣珂钞本作"梅花",万卷楼钞本作"南山",又以晚村有梅花阁,而无梅山屋,以为"似以作'花'字为是",但以证据不足而不敢质定,故而兼存异文。又卷一《过仲音兄村居》"还当太平看"句据严钞本、《释略》本、诗稿本校"还"误"遥",并且补按语云:"'还当'意为且当,如薛能《寄题巨源禅师》:'还当扫楼影,天晚自煎茶。'牟巘《鹧鸪天》:'蜀陈旧事君须记,贵盛还当具庆年。'"又卷二《寄高元发乞滇茶》"滇中本属古梁州"句《集外诗》及《尚书·禹贡》校"古梁州"为"古凉州"之误,并于注中引《嘉庆重修一统志·云南府》之建制沿革为证。此两条,皆有版本依据、旁证及理据,故断定是非,但任列出异文,而于校勘记中说明。全书校勘或断是非,或存异说,既便于读者,亦存他本旧貌,盖皆思适所得,不

失"多闻阙疑"之意,审慎之处,可为学者法矣。

(三)编年考订

自来别集编纂之法,不外乎分类与编年两类。两类别集编纂之法,各有优劣。编年即将作者诗文按年月先后而系,其优点在于前后一贯,诗文的创作历程,即是作者个人之历史,诗文即史,史即诗文,作者之出处进退,心迹变化,亦显然可见。但是编年的弊端则会导致同一题材或体裁之诗文前后分散,甚至茫无津涯,反而变得杂乱,从而不易把握作者的艺术特点及各类文体的成就。分类则以类相从,或按文体,或据主题,看上去井然有序,且容易把握作者的整体艺术特点及各类文体的成就,但是对于作者生平仕履,则彼此割裂,甚至让读者但见作者之文采辞藻,而不知作者之心迹变化。两种编纂体例虽优劣各异,亦各有所宜。概略言之,则系于时事者宜编年,长于辞章者宜分类。《笺释》一书在

编年与分类这一问题上，根据吕留良旧集及诗文的具体特点，处理得恰到好处。吕留良虽然诗文兼擅，但是与同时代如钱谦益、吴伟业、朱彝尊、王士祯、彭孙遹等人相比较，在艺术成就方面并非突出。其突出之处更在于其生丁沧桑，遭遇国变之后，将所历所感，寓于诗中。所以吕留良之诗，虽然触事兴咏，寄寓深远，但重点不在辞章，更与清初史事及其心迹相关，故编年其诗，更符合其诗的具体情况。又晚村旧集，或名《万感》，或名《怅怅》，或名《梦觉》，既已按时间先后，略陈心迹，所以《笺释》一书，在旧集基础上采用编年之法，是正编年之误，辑补佚篇，考订史事，乃从其宜也。如卷四康熙八年己酉闰十二月所作《钱墓松歌》《自老砦山步至黄沙坞观潮》《湖天海月楼赋呈商隐》《次韵酬寅旭》等诗，或痛哭流涕四百年之兴亡史，或以宋喻明，以托孤愤，或表露隐藏于诗人心中之"明"，或暗示

诗人一日不忘复明之意。《笺释》将其编年并加以考订，使此一时期吕留良之心迹变迁、故国幽思、唱和交游等，前后一贯。又《次韵酬寅旭》一诗，笺释者不仅据旧有编年将之系于康熙八年己酉闰二月，而且合观吕留良与寅旭唱和之诗，以辨正严鸿逵《释略》之误，以见吕氏不忘复明之意。

二、内容笺释

从内容笺释方面而言，《笺释》一书在索隐本事、诗史互证两方面尤为突出：

（一）索隐本事

《诗序》有言："诗者，志之所之也。在心为志，发言为诗。情动于中而形于言。"唐孟棨作《本事诗》，言其撰作缘由云："抒怀佳作，讽刺雅言，虽著于群书，盈厨溢阁，其间触事兴咏，尤所钟情，不有发挥，孰明厥义？"诗言志、诗缘情，是中国诗歌创作的一个重要传统，同时也是造成中国诗歌阐释史上"诗无达诂"

的一个重要原因。尤其是后世，随着诗歌修辞手法的丰富，如用事、双关等，使得某些特殊时代有特殊寄寓的文人在其诗中表达忧思尤为隐讳，所以笺释这类诗尤难。吕留良既学通六艺，淹贯百家，又遭际非常，备尝艰辛，所以其诗言近旨远，词浅意幽，瘦硬艰涩，归趣难求。笺释此类诗，除了一般的训释词义，注出典故外，更重要的是索解背后本事，如此方能将其诗透彻明白，才能明白诗中归趣，从而理解吕留良的心迹。《笺释》一书于每诗之下，除校记外首为笺释，包括先考定写作时间，注明每事所涉及之人物及事件；次为资料，附录与此诗所涉人、事相关之史料；最后为注释，解释诗中所用典故，间或解释诗义。其中笺释部分凡涉及资料、注释乃至其他诗篇又与此诗相关者，亦多注明互见。例如卷一《送子度游吴门》三首，笺释先考定此诗作于顺治五年戊子春，次述子度字号牛平，次索解此题本事，资料部分附录吕留良《孙子度墓志铭》，黄宗会《哀孙子度文》，孙子度《后感遇诗》、《将自苕入吴吕庄生以三诗赠行次韵答之》，注释部分则详注此题所涉典故、名物、地名。其中笺释涉及资料部分吕留良《孙子度墓志铭》、孙子度次韵诗及本卷《子度归自晟舍以新诗见示》诗之笺释，则皆注明"参见"。如是，则索隐本事、附录资料、注释典故等部分彼此相参互见，融为一体，对于理解全诗所涉之事及作者心迹助益甚钜。《笺释》全书皆以此结撰，笺释、资料与注释，共同构成了在遭遇家国之痛后的吕留良的个人历史。如此丰富的史料与精密的考证相结合，不惟览者开卷了然，亦使吕公之心灿然着于数百年之下。

（二）诗史互证

笺释诗歌，采用诗史互证的方法，在中国也有比较长远的传统，中国诗歌史上一般个人遭际与历史变迁关系密切，并且个人将这种历史变迁中的所历所感寄寓诗中，那么后世在治此人之诗时则多采用诗史互证的方法，比较典型的就是庾信与杜甫。吕留良因特殊的时代与遭际，诗中所叙，与史尤密，因此在笺释吕留良诗歌时，可能更应该注意吕诗中史的价值。《笺释》一书释吕诗最大的特点可能就是根据吕诗与史的密切关系，注重诗史互证。此书诗史互证主要体现在四个方面，即编年考定、索隐本事、附录资料、附录年谱。编年考定、索隐本事、附录资料三个方面前面也曾分别谈及。其中编年，既是别集编纂之一种体例，同时也是诗史互证的一种方法。上面说到"系于时事者宜编年"，正是从作者诗文与史的关系来考虑的。索隐本事及附录资料，虽然说是笺释吕诗的一种方式，但是因为吕留良之诗史的价值甚高，因此这种索隐本事与附录资料同时也构成了诗史互证的方式。至于年谱，作为一种按年月编年记载谱

主生平事迹的著作形式，本身即是个人之编年史。《笺释》一书将诗文编年考订，索隐每诗本事，附录与本诗相关之资料如墓志、碑传、序跋、唱和、题署等文献，最后附以年谱，这样将诗、诗人放置于与之相关的历史环境之中，不仅有助于读者具体而微地把握吕留良的每首诗，而且可以因诗以见事，因事而见史，将吕留良个人之史、友朋交游之史、地域之史乃至所处清初的大历史，都有机地结合起来。例如卷三《次韵答陈子执先生见赠》，诗中吕留良借蔡文姬归汉之事表达了欲弃清廷诸生之意，笺释部分详考本事，叙述事件来龙去脉，资料部分附录吕留良弃去秀才之前与陈子执唱和诸作，再辅以注释对全诗典故的训解，彼此互相印证，既将吕留良弃清廷诸生之事完整呈现，又能够感受到诗人对清廷所持之华夷之辨。因此，从诗史互证的角度来看吕留良诗歌，可能比单纯从训释字词、注解典故、

评点艺术角度更能深刻理解吕留良及其诗歌。

总而言之,《吕留良诗笺释》一书在文本考订与诗文笺释两方面都做了很多有价值的尝试,为诗文别集的整理树立了新的范式,也为笔者带来很多启发。笔者才学未精,识见未周,尚不足以发挥《笺释》一书之精蕴,以上陈言,未敢有飨读者之心,聊书鄙见以自勉励,幸览者勿咎。

（《吕留良诗笺释》，国家社科基金后期资助项目，全三册，俞国林撰，中华书局 2015 年 7 月，198 元）

中华书局"陈鼓应著作集"书目

书　名	定　价
《老子注译及评介》	68 元
《周易今注今译》（全二册）	95 元
《道家的人文精神》	38 元
《道家易学建构》	33 元
《易传与道家思想》（修订版）	43 元
《中国哲学创始者——老子新论》	38 元
《庄子的开放心灵与价值重估——庄子新论》	42 元
《管子四篇诠释——稷下道家代表作解析》	40 元
《悲剧哲学家尼采》	34 元
《尼采新论》	39 元

《阳明学研究》创刊号述评

刘乐恒

王阳明是继朱子之后的宋明理学宗匠，他还是在中华文化绳绳相继的演进过程中具承前启后作用的人物。而阳明及其后学所形成的心学传统，充分体现出中国传统哲学与文化中的主体性、自觉性、独立性的精神。此种精神，仍需在当代社会与文化的脉络下，赓续慧命，鼓之舞之，光辉日新，以期与时偕行，明体达用，增进善美。

武汉大学中国哲学史学科在前辈萧萐父、唐明邦、李德永先生的指引下，长期成为明清哲学思想研究的重要阵地。自萧先生以来，武大珞珈山下的三代学人，都希望自身能推动阳明学的研究。为实现夙愿，武汉大学成立阳明学研究中心，并于2015年推出《阳明学研究》辑刊创刊号。本期收罗国内外相关领域的顶尖学者与哲学家的原创性论文，可谓众星璀璨，胜义纷披，斐然成章，对阳明学研究乃至中国思想哲学的研究有着实质性的推进。笔者兹就此作一述评。

一

本期《阳明学研究》的论文主要围绕哲学与理学、明代学术史、明清之际思想史等方面，对阳明学作出系统的阐发。首先，在哲学与理学的层面上，本期论文多围绕阳明"良知"之说而展开，或定位界说，或多角度探析，或动态性展示，可谓探赜索隐，勾深致远。

成中英《从本体诠释论述王阳明释易的良知哲学》一文以其本体诠释、生命创发哲学的视野，分析阳明对于《周易》明夷等卦的解释，从而动态性地展示出阳明"心即理"之说不仅提示出心的自觉性、自主性，兼且呈现出心的活动性、实践性、创生性。作者特别指出王阳明的生命与学问具有"明夷"的性格与特质。明夷卦展示出君子是如何身处"明入地中"的艰难险阻之境中而坚贞不拔、超越困厄的，而王阳明的政治实践、龙场悟道则深刻体现出人的良知之心如何通过一个曲折的磨合过程，超化境遇之困难、局限、蔽塞，最终融合宇宙创发生生的生命之流中去。因此，阳明是通过心的作用，而将理化作内在的生命境界。与成文的取向相近，丁为祥《从"良知"的形成看阳明研究的不同进境》一文，通过动态性、生成性的视野，揭示王阳明能够建立其良知之学，是三端并进的结果。首先，知识与学理上的积养是阳明提出良知之学的前提。其次，这种知识与学理的积养仍须通过身心修养实践工夫以收"形著习察，实有诸己"之功。最后，这种身心工夫的实践实在可内可外，如果仅有环境压力或师友夹持，那么这种实践亦可流为形式。因此推动阳明建立其良知之学的最重要动力，乃是一种如《中庸》所谓"困而知之"的"主体精神危机"，此种危机实能内化为王阳明在其政治与生命过程中超越困顿的最大动力，使他明确良知的真切义蕴和价值。

另外，丁文兼能展现出阳明及其弟子在"静处体现"与"事上磨练"、"三有"与"一无"、"文献考证"与"精神危机"之间的张力与冲突中孕育出良知思想的艰难历程。

董平《论良知作为人的本原性实在》一文则论证阳明之良知蕴涵生命本原、情感本原、知识本原、德性本原四维度，四维相通相融，共同体现出良知是人的"本原性实在"。不过，作者指出论文并非主张"四重良知"之说，而是要通过对四个侧面的阐发，扩展良知之蕴，而良知终只是一良知而已。另外，笔者认为，作者通过四个方面展示良知作为"本原性实在"的义涵，也是对牟宗三的良知诠释的某种丰富与调整。牟氏将阳明良知之学诠释为"道德的形上学"，侧重阐释良知之为道德一义，指出良知作为道德而能通于形上界、存在界。但牟氏对于良知通于生命、情感的一面似乎着墨不多，此文应可略补其阙。

除此之外，本期论文也对良知学的结构、意义与价值作出较为精约的论述。吴光《论阳明学的理论结构、根本精神与当代价值》一文指出阳明良知之学具有本体论、方法论、实践论、民本论四层次的内容，其根本精神则在道德的理想主义、亲民的人文精神、和而不同的兼容精神、知行合一的力行精神四大端；据此，其当代价值则在于道德、民本、多元、力行之义上。而黄钊的论文则将阳明致良知之学置于中国伦理学史的脉络下考察，并概述良知之学的创造性价值，其中特别阐发致良知之学中修身、栽培、涵养的维度。

二

除了阐发阳明学中良知一义之外，本期论文作者还能从哲学与理学的视野，或整体或具体地考察阳明心学的特质与品格所在。

杨国荣《当然与自然》一文指出宋明理学的整体取向是强调

2015·书品 第四辑 | 095

"当然"的问题，也即通过心、性、理等问题的探讨指向价值理想与道德义务。但是理学各派对于当然问题的理解各有不同，横渠重视当然与实然之统一，朱子重视当然与必然之统一，阳明则强调当然与自然之统一。这里所说的自然主要是指自然情感、七情之乐。阳明因为展示出心体与七情的内在沟通性，故能让道德实践成为自觉、自愿、自然的向善历程，而达致当然与自然、情与理的交融，因此就能够超化朱子因重视理性规范而造成的压制自然情感的问题。可以说，杨文展示出宋明理学研究与哲学思考的双向发明。林安梧《关于"善之意向性"的问题之厘清与探讨》一文则将哲学思考从阳明引申至整个宋明理学。此文将朱子、陆王、蕺山分作三个逐渐递进的面向。朱子重物理，故强调"道德超越的形式性原理"；陆王重本心，故强调"道德超越的主体性原理"；而从阳明之良知之学直至蕺山之诚意、

慎独之学，则隐含着从主体性走向意向性的趋势。蕺山推进阳明之学，通过"意"而对理、气、性、情、心、意、知、物诸端交相护养，最终建立意向性哲学并超化以往理学的主体性框架。林文体现了作者对宋明理学发展的独特洞察，同时也体现出他试图超越牟宗三过分的道德主体性哲学而培育自身的哲学系统的努力。

吴震《万物一体》一文则阐发出阳明"万物一体"之论所蕴涵的政治社会理想。"万物一体"本是中国哲学的大传统、大方向，而作者则指出阳明将"万物一体"理解为"一体之仁"。这种一体之仁的境界蕴涵感通性、循环性、实践性。放在《大学》的脉络下考察，则阳明哲学中"明德"与"亲民"的关系，并非朱子式的"明德为本，新民为用"，而是明德是"天地万物一体之体"，亲民是"天地万物一体之用"，使得明德与亲民构成诠释学循环。这一方面超化了朱子将两者视作两橛之可能，

096 | 评书论学 《阳明学研究》创刊号述评

另一方面则使得亲民在实践工夫上反可构成明德之基。而通过明德与亲民的互摄关系，阳明的万物一体说指向了天下治平的社会政治理想。吴文可以说是对于余英时《朱熹的历史世界》一书主要观点的引申。当然，如果放置在现代的背景下作考察，则阳明通过"一体之仁"为基础，直接展示其政治理想，是否仍未能明确出道德与政治的分际？这有待于进一步的思考与讨论。

另外，陈立胜《入圣之机》一文则集中辨析了阳明"一念发动处即是行"这一重要命题。当代学界往往认为这个命题有"销行入知"的倾向，而与阳明一贯所重视的"销行入知"的思想造成紧张，因此不能体现出知行合一说的全幅义蕴。学界同时又认为这个命题中的"一念"应指"恶念"而非"善念"，否则会造成知而不行的流弊。陈文则通过详细的文本分析，指出这一命题与其说是一个警示性命题或关于克念

工夫的命题，不如说是一个"入圣之机"的命题。换言之，就是阳明揭示出人在一念之中，已然含蕴着某种自有限而入无限之的入圣之机，此入圣之机中自能蕴涵着"知善知恶"的精微机括。当然，作者的这种"另类"解读是否完全切合阳明的本义，我们仍可将之放置在阳明思想的脉络下再作考察。

三

本期论文除了围绕阳明良知之学、心即理之学作出阐发之外，还从明代学术史、明清之际思想史乃至现代哲学精神等方面，对于阳明心学作出正面或侧面的论述。

蒋国保《王阳明"〈大学〉古本"说散论》一文通过学术史的考察，指出《大学》对于阳明思想的影响具有根本性，而不是如牟宗三所说的以《中庸》为据依。作者同时指出阳明此种诠释乃依据《大学》古文而引申出来，而他对《大

学》古本的重视，并非处于文献学式的"发思古之幽情"，而是要创立自身的"《大学》古本诠释学"以对抗朱子的《大学》诠释学，我们从阳明《大学问》中对"良知"、"格物"的独特诠释便较容易得出这一结论。而蔡方鹿、刘畅《王阳明〈朱子晚年定论〉写作原因及其时代价值探讨》一文则关注历代所争论不休的《朱子晚年定论》一书。此文还原了阳明编写此书时的心态与取向，指出此书并非故与朱子立异，而是要推动朱子学发展的另一面。因此阳明编写此书，其初衷是要争取其学在官学上的一席之位、合法位置，由此可见阳明学的形成，是在与朱子学互动的过程中实现的。张新民《心学思想世界的建构与拓展》一文则通过丰富的篇幅，充分揭示出阳明心学是在儒、佛、道三教的互动互通的过程中建立起来的。这使得一方面能够促进三教融合，塑造阳明心学的开放性；另一方面又因为阳明不失儒家立场，而推动儒学自身的发展。

王船山与王阳明皆为明清两代的思想大家，本期论文对于"二王"思想也作出深入的比较。徐孙铭《船山对阳明心学的批驳和误读》一文重在讨论船山对于阳明之学的批判。他认为船山的相关批判确实具有一定的合理性，但船山却不能由此否认阳明之学的合理价值，因为阳明倡言良知正正体现出儒家重视道德的大传统，同时其良知之学在哲学上确实能够与佛道、狂禅构成实质性区别。这种辨析有助于厘清明清以来学术思想界对于阳明之学的某些误读。日本佐藤錬太郎《王夫之对王学左派李贽的批判》一文则对比了李贽《藏书》与王船山《读通鉴论》两部史论的思想异同。他分析后指出，这两部史论都重视经世致用，并正视时代的变化性而批判正统论。但李贽的政治观与伦理观以批判单一性而承认现实的多样性为特征；而王夫之身历明清之际的社会政治大变动，因此特别强调社会的道德伦理秩序的重要性，并以此批判《藏书》。这种对比体现出学术思想史研究的某种新角度和新视野。

邓红《浅析〈南询录〉的佛教式机性论》一文则专精研究明代和尚邓豁渠的《南询录》一书，对书中"机"字的义涵作出细腻的分析，最终总结出"机"与"性"的相通一致性，因此邓豁渠的佛学思想可概括为"机性论"。笔者认为，这种机性论体现出明代思想的一个普遍特征。郭齐勇是研究熊十力与新儒家研究的大家，他的文章《熊十力与心学的易学观》充分系统地揭示出熊十力的易学思想虽然是从理学的易学观中吸收其易学的方法论，从气学的易学观中吸收其生生健动之蕴，但究其实他最能承接阳明心学的易学观，因为熊氏易学观的基石在于"本心"、"本体"。另外，文章在此基础上指出熊氏易学未能完全超化其内在的一些矛盾与张力。对于这些矛盾与张力，学界仍有很多的探讨空间。

另外，钱明《东亚世界的"阳明学"概念》一文则以学术史与概念思想史的线索，通过东亚各地文化互动的脉络与背景，细腻丰富地展示出"阳明学"这一概念形成、演变、衍化的过程。从中国明代的"姚江学"到其后的"阳明学"，从朝鲜的"稽山"之说到后来的"王学"之称，从日本的崇尚"阳明学"到其后来中性的"阳明学"研究，"阳明学"的概念所指的义涵，无不承担与体现着政治、社会、思想、学术等各方面的角力、冲突、变迁。通过文章的阐发与辨析，作者深切地体会到当今时代，学界更需要从整个东亚的视野思考阳明学的共时性与同体性，并呼吁成立东亚阳明学会与朱子学会，体现出其宽广的学术关怀。

综上，本文简述了《阳明学研究》创刊号所辑录论文对于阳明学研究的具体深化与推进，由此我们对于当代学界阳明学研究、中国哲学思想研究的趋势，实可窥见一斑。在哲学与理学研究的层面，当代学者越来越倾向于通过动态性、历史性、生成性的视野与方法，还原与展示出阳明学的形成与演化过程，并以此重新检视朱王之辩、格物之辩、心学理学气学之辩等传统论题。而拙见以为，当代中文学界已经在中西哲学的对比与融通的事业上推进甚多，因此我们在阳明学研究上，仍可促进和深化阳明学诸论题与中西哲学的互动互诠，从而臻至双向发明。换言之，学界对于阳明心学的哲学研究，理应成为未来中西哲学互动过程中的重要环节。而在学术思想史的角度而言，当今学界的研究视野与方法也体现出多元性、多角度的特征，今后的阳明学研究亦宜从增进多元、学科整合着眼，探析出与当代语境相关的论题；同时亦宜注重弥补研究不深的领域，例

如阳明学与经学史、阳明学与经典诠释、阳明学与明清之际思想史、阳明学与东亚儒学等方面，当代学者仍可作深入专精的研探与辨析。

人能弘道，非道弘人。阳明心学推致良知、自作主宰的精神深深地显豁出儒学以至中华文化阐扬人道、天人交参的蕴奥。因此，正如郭齐勇在《发刊词》中所说"王阳明的精神就是我们中华民族的精神"。在此，衷心祈望《阳明学研究》能够成为推动阳明学乃至中华人文精神赓续复兴的学术阵地。

（《阳明学研究》创刊号，郭齐勇主编，贵州龙场中国阳明文化园、武汉大学阳明学研究中心主办，中华书局2015年9月，39元）

读《大明宫研究》有感

刘 喆

　　杜文玉先生的新著《大明宫研究》日前由中国社会科学出版社出版发行，笔者拜读后，认为这是一部难得的佳作，对推动长安学的进一步发展具有积极的意义。长安学的范围很广，其中宫殿研究也是一个重要的方面。大明宫作为唐代长安最重要的建筑群，无论是建筑规模或建筑艺术，还是其所占据的重要政治地位，均值得深入研究。事实也是如此，古今许多学者都对其进行过考察与研究，取得了丰硕的成果。然而，对内涵异常丰富，而研究资料又比较贫乏的大明宫来说，已有的研究成果存在缺漏和错误也是难以避免的，而杜文玉的这部新著在一定程度上弥补了这些不足，主要表现在以下三个方面。

　　首先，补充了前人研究中脱漏的许多大明宫内的机构和建筑物。如御史北台、京兆尹院、内侍别省、延喜阁、客省、斗鸡楼、走马楼、乞巧楼、护国天王寺、玉晨观、灵符应圣院等。造成这些脱漏的原因，主要是宋代著名学者宋敏求的《长安志》一书存在不少脱漏，后来的学者如程大昌、徐松等人，在其所著书中也未加补充，近代以来的学者或未详查史料，或未进行深入的考察，致使这些缺漏长期以来得不到弥补和完善。杜著不仅把以上这些建筑物在大明宫中的方位一一考证清楚，而且对其功能进行了研究，从而极大地丰富了大明宫的内涵。

其次，纠古人之谬，正今人之误。《长安志》《雍录》《类编长安志》《唐两京城坊考》等书均是研究大明宫的基本资料，此外还有不少涉及大明宫的志书或著作。然而这些典籍和著作本身就存在不少谬误，作者在利用这些典籍的同时，又对这些谬误多有纠正。如关于紫宸殿与入阁之制，司马光在《涑水记闻》中认为"奇日视朝为入阁"，欧阳修、叶梦得、马端临等认为入阁之制始于玄宗。作者在经过研究后发现入阁之制早在唐初皇帝居住在太极宫时就已存在，移居大明宫后，凡皇帝在紫宸殿坐朝召见群臣皆可视为入阁，且按照唐制，起初皇帝要每日坐朝，后改为单日坐朝，双日休朝，并无"奇日视朝为入阁"之说，司马光、欧阳修、叶梦得、马端临等人的说法都是错误的。当代有学者认为能够入阁的只有高级官员和宦官，其余百官只能"俟于正衙"，恭候在宣政门外。经作者研究，实际上除了高级官员和宦官之外，一些品秩较低的官员，甚至地方上的长史一类小官也是可以入阁的。

再如殿中内省在宫中的方位，《长安志》载其在中书省之北，并说内省之北有亲王待制院，徐松却在《唐两京城坊考》中据《阁本大明宫图》将"内省"改为"内院"，并将亲王待制院删去。作者指出唐朝在皇城内设有殿中省，在宫内的相应机构则应称为殿中内省，而不应以"院"相称，且《阁本大明宫图》虽较详尽，却并非尽善尽美。又，亲王待制院之名，见于《长安志》，方位在中书省北；《阁本大明宫图》标绘有待诏（制）院，未有亲王待制院；《关中胜迹图志》有亲王院，却未有待制院。《雍录》根据《阁本大明宫图》的标绘，认为待制院在宣政殿东。作者经过仔细考证后，认为大明宫内有两处待制院，所谓亲王待制院，应去掉"亲王"二字，为皇帝坐延英殿时，待制之臣等待召见的场所；东面的这处待制院是皇帝坐宣政殿时，待制之臣等待召见的场所。作者并且将这两处建筑的具体方位和设置时间均考证清楚了，纠正了前人以及古图存在的错误。

类似的疑难问题作者解决的还很多，比如大明宫中的少阳院，作者认为有两处，一在翰林院北，一在待制院东。徐松据《阁本大明宫图》否定翰林院北之少阳院的存在，只承认待制院东的少阳院。作者不仅确认了这两处建筑的存在，而且还指出了之所以设置两处少阳院的原因之所在。关于命妇院的方位，长期以来众说纷纭，作者查阅了大量文献，不仅考证清楚其在光顺门西的具体方位，并且指出了其分为内院、外院。关于命妇院的功能，长期以来未有学者涉及过这一问题，作者深入研究后认为其应为内外命妇朝拜皇后、举行礼仪的场所，故命妇院内也置有朝堂。史籍中很多命妇在光顺门朝见或进名起居的记载，实际上都是在命妇院内进行的，并非光顺门外进行。

其三，发前人之所未发。《大明宫研究》一书中多有前人未曾研究或研究不够深入的内容，故这些研究具有较大的学术价值。比如通常认为含元殿是唐朝举行外朝朝会的场所，其实丹凤门与含元殿均为大明宫举行外朝的场所，而前者更符合王宫库门外举行外朝的古制。正因为如此，唐初的外朝是在太极宫正门承天门举行的。皇帝移入大明宫后，遂将含元殿作为举行外朝的场所，为了更符合古制，于是便将丹凤门也作为举行外朝的场所之一，这就是唐朝经常在丹凤门举行大赦、改元、颁制等典礼的根本原因，这些都是外朝活动的主要内容。

再如，以往学界对麟德殿功能的认知局限于宴饮娱乐方面，作者勾陈发微，证明麟德殿除了宴饮娱乐功能之外，还具有接见外国和少数民族使者的外事功能，进行宗教活动和宗教研讨之类的功能，以及召见臣僚商议军国大事的政治功能，指出麟德殿是一处兼具政治、宗教、宴饮、娱乐、文学等方面功能的建筑物。再如对望仙观的研究，学界之前的注意力主要集中在望仙台上，对望仙观不够重视。作者指出实际上望仙台只是望仙观内的一处高台建筑，望仙观是包括望仙台、降真台、望仙楼及其廊舍在内的一处规模宏大的建筑群，只是由于宋代学者记载的遗漏，才导致后世学者对其不够重视。

　　类似这样的问题还有不少，如关于玄元皇帝庙、三清殿、太清宫与宫中诸道观之间的关系及其功能，长期以来混淆不清。作者经过详尽考证后，指出玄元皇帝庙具有皇家私庙性质，是祭祀其始祖的场所，而太庙所祭祀的最早祖先是所谓的"始封之君"，最多只有七庙，老子不是始封之君，自然要另外建庙祭祀了，这是在大明宫中兴建玄元皇帝庙的根本原因。至于大明宫内的三清殿是皇帝举行道教活动的专门场所，而宫中诸道观则是供宫中其他人员从事道教活动的场所。太清宫是进行国家祭祀的场所，故其内还建有御斋院、公卿斋院，又把玄宗等几位皇帝、宠臣以及文宣王（孔子）和四真人的石像分列于老子像两侧。每年祭礼时，太常卿为亚献，光禄卿为终献，这一切都与家庙性质格格不入。关于太清宫的性质，宋人赵彦卫在《云麓漫钞》卷八指出："取郊祀配天之义以尊之。"

　　此书还有一个突出的特点，就是根据其研究结果，重新绘制了《大明宫平面示意图》，将所考证的建筑物方位一一标绘其上，颇方便读者查阅。自宋代以来，有关大明宫的图幅颇多，如吕人防《大明宫图》，程大昌《雍录》所附《阁本大明宫图》、《六典大明宫图》，李好文《唐大明宫图》，徐松《西京大明宫图》，以及《陕西通志·大明宫图》、《关中胜迹图志·唐大明宫图》等。至于当代学者绘制的相关图幅就更多了。

（下转第119页）

林云程与《史编抄断》

韩春平

　　兰州大学图书馆收藏有一部明人林云程编著、明万历刻本《史编抄断》。据了解，《史编抄断》目前国内仅有此本，属于海内孤本，已先后被著录于《中国古籍善本书目》[①]及《中国古籍总目》[②]，并入选《甘肃省珍贵古籍名录图录》[③]。本书框高 21.8cm，宽 12.9cm；每半页 10 行，行 24 字；白口，四周双边。书中钤有"曾在潘景郑家"朱长印一方，系潘承弼先生[④]旧藏。

一 林云程生平及著述

　　林云程，字登卿，号震西居士，又号清罗居士，明泉州府晋江（今福建晋江市）人。林云程事迹于载籍并不多见。《[万历]泉州府

---

① 中国古籍善本书目编辑委员会：《中国古籍善本书目·史部》，上海：上海古籍出版社，1991年，第1518、1945页。
② 中国古籍总目编纂委员会：《中国古籍总目·史部》，北京：中华书局；上海：上海古籍出版社，2009年，第468页。
③ 甘肃省古籍保护中心：《甘肃省珍贵古籍名录图录（第一批）》，北京：中华书局，2012年，第454～455页。
④ 潘承弼（1907～2004），字良甫，号景郑、寄沤等，以号行，江苏吴县（今属苏州）人，著名藏书家、版本目录学家、金石学家，著有《著砚楼书跋》《寄沤賸稿》《图书金石题跋》等。

志》称其为嘉靖乙丑（1565）进士①。林氏同里何远乔曾著有《闽书》一百五十四卷，对闽省史事广为搜罗，书中对林云程事迹记载较详："……云程自其少年，则留意词赋之业。既纤组绶，交游诸公间。所从游词客，则吴中张伯起、勾章沈明臣、里中黄克晦及诸名流胜选，率以风雅推让之。好蓄法书名画②，且穷其源委，而笔翰大有名于人间。世人但见其登高作赋，临池洗墨，云程一片真诚自将，尤善莅政以便民，自以为无瑕衅于人，坐是浮沉州郡郎署间。登第二十余年，不得一八使，然而词林嘉誉，世卒不可得而掩也。家居厚德载物，古意宅心，为乡邦模楷者五十余年。寿九十六而终，人人尚叹天之不愁焉。"③

《闽书》记载林云程事迹虽较详细，但却不够全面。到了清代，人们在整理林氏事迹方面又有了新的创获。《[乾隆]晋江县志》在撮取《闽书》大要的基础上，参稽其他文献，对林氏事迹重新作了概括，其突出的贡献是增加了有关林氏仕宦履历及著作方面的资料，从而弥补了《闽书》在这一方面的缺陷。该志称林云程曾"知通州，调宿州，两迁南北曹郎，出为九江知府，转汝宁。以继母艰归，遂不复仕。……著有《丛兰馆史编抄》、《兰窓杂记》等书"④。《[道光]晋江县志》亦为林氏立传，不过内容只是对《[乾隆]晋江县志》的因袭。

关于林云程著述，除以上所记《丛兰馆史编抄》及《兰窓杂记》外，还有林氏在担任通州（按指南通州，即今江苏南通）知州时所主修的《[万历]通州志》和辞官家居后所编著的《史编抄断》，其他还有诸如《隐巢云岩自咏》《谒汉寿亭侯祠》及《沈郎歌赠东藩捷》等一些零星诗

① [明]阳思谦 等：《[万历]泉州府志》，明万历四十年（1612）刻本，卷15，第13页。
② 原文"好蓄法书名画"后衍一"书"字。
③ [明]何远乔：《闽书》（《四库全书存目丛书》），济南：齐鲁书社，1996年，卷86，第260页。
④ [清]方鼎 等：《[乾隆]晋江县志》（中国方志丛书），台北：成文出版社，1967年，卷12，第342页。

作。《丛兰馆史编抄》及《兰窗杂记》目前未见有传本,《[万历]通州志》
和《史编抄断》则流传了下来。由于《[万历]通州志》系由众手修成,
林氏本人非主要撰稿者,基本可以排除在林氏作品之外,因此今天能够
见到的林氏著作,只有《史编抄断》一书。

二 《史编抄断》的成书与内容

《史编抄断》在创作上取法朱熹《资治通鉴纲目》(简称《纲目》或《通
鉴纲目》)。朱熹曾"拟《春秋》作《纲目》,以纲为断,而以目为抄,
抄则因之《通鉴》,而断则本之《春秋》"①。抄是指抄撮史事,断则是
指发表评论;《通鉴纲目》正是用《春秋》笔法来评判历史,其评判对
象乃是《资治通鉴》所载史事。这部由朱熹主编、集其门人众手修成的《通
鉴纲目》,由于文献本身的价值,以及主编者朱熹的特殊声誉,在后世
产生了巨大的影响,特别是在"元、明、清三代,出现了各种围绕《纲目》
的考异、集览、考证、质实、合注、补遗、正误、纠谬、续编、拟作之书。
崇拜朱熹的学者推尊《纲目》为《春秋》之后第一书,像研究《春秋》
那样研究它,字字搜求……"②这种风气不仅盛行海内,而且一度波及
周边邻国,比如《通鉴纲目》不仅在"朝鲜王朝被大量刊印,并受到高
度评价"③,而且成为越南编撰《钦定越史通鉴纲目》的重要蓝本④。

《史编抄断》正是在这种普天下尊崇、效仿《通鉴纲目》的风气中
成书的,也是明季对于《通鉴纲目》的拟作之一。值得留意的是,《通
鉴纲目》在宋元时期均有福建刻本,特别是其首次刻印即在泉州,因此

① [明]李光缙:《史编抄断·序》,明万历刻本,第4页。
② 郭齐:《关于朱熹编修〈资治通鉴纲目〉的若干问题》,《四川大学学报》(哲社版),2001年第6期,第90页。
③ 杨雨蕾:《〈资治通鉴纲目〉在朝鲜半岛的传播》,世界历史,2002年第3期,第114页。
④ 郭振铎:《越南〈钦定越史通鉴纲目〉的编撰及其若干问题》,东南亚纵横,1991年第1期,第18页。

该书在泉州地区的流传、影响不难想见。出生泉州的林云程自云"于《通鉴纲目》少而览焉，长而习焉。……晚来解组家居……乃日检群籍，目之是书，已经三匝。间有它史记载而《通鉴》偶遗者，有先儒断评而意见异同者，有持正理而议论未中窾者，有立说论而时势弗合宜者。苟获一得，每违众言。随笔随记，久之成书，名之曰《史编抄断》。抄取成说，断出愚见"①。可见林氏一生都对朱熹《通鉴纲目》情有独钟，其《史编抄断》在体例上即效仿了《通鉴纲目》，在抄撮史料的基础上，对史事做出了评论。所谓"抄取成说，断出愚见"，是说史料抄撮系据旧有文献，只是评论则不同于朱子的效法《春秋》，乃是作者在表达自己独立的见解。

林云程编著《史编抄断》之时，已经年逾古稀，全部工作历时七八年才最后完成。其间云程子肇符、肇金及侄肇开曾与役文稿校订。按肇符、肇金事迹无闻，肇开事附于《闽书》云程传后，《[乾隆]晋江县志》为肇开列有专传②。

《史编抄断》以时代为序，对上自三皇五帝、下终南宋末帝赵昺期间，"凡天子、诸侯、公卿、大夫之是非得失，与夫世之治乱盛衰，兴革存亡，靡不扬抉，随意涉笔，次第存之"③。其材料来源主要是"二十一史"；内容安排则略于先秦，详于两汉以降。书中于曹魏、唐、宋及南北朝等先总论一代或一阶段成败得失，再分条论述各时期具体史事；于宋齐梁陈隋亦特称"五代"，论述顺序则与前者相反，即先分论，再总论。全书总计四卷，为文十余万字，含二百八十二个条目；重点在于臧否人物，

---

① [明]林云程：《史编抄断·序》，明万历刻本，第4~5页。
② 据《[乾隆]晋江县志》卷十一《人物志·仕迹》称，"林肇开，云程从侄。万历甲午举人。恬雅端介。为户部榷税，清白不缁。历仕至黄州守。卒于官。"（见《中国方志丛书》，台北：成文出版社1967年版，第314页）
③ [明]李光缙：《史编抄断·序》，第1页。

间附对部族及特殊事件的品读。入选人物以社会上层为主，间有普通民众；凡明主昏君、忠臣良将、元恶大憝、民族人物各色人等均有代表。书前附林氏同邑李光缙序（无年款）及万历壬子作者自序各一篇。

三 《史编抄断》的价值与不足

对于《史编抄断》的价值，早在李光缙序言中就已经作了在今天看来仍然较为中肯的评析。李氏认为该书"证向今古本之公心，出之恕心，而会之以深心。或按其时势而明其功罪，或原其心迹而略其事情，或沿前人之评，或翻已成之案，是是非非，要于其当。抄不依编年而世次明，断不依书法而臧否定。简而能详，严而不苛"①。所谓公心、恕心和深心，是说面对历史，作者不仅能抱持一份公正、宽宏之心，而且富有非凡的慧眼。考之事实，此论并非虚美。譬如林氏虽囿于封建正统观念，认为晋代江统《徙戎论》"痛切时弊"，但他并没有因此将西晋的灭亡归罪于所谓五胡，而是归因于"晋主昏，国政乱"的史实；他甚至坦诚告诫："以慕容廆招拓跋氏、段氏观之，夷狄之人皆吾人也；苻氏、姚氏、刘聪、慕容垂有以服其心，皆吾之韩、彭也。有道则守在四夷，不道则一卒足以亡秦，何必五胡能扛晋鼎哉！"②这样的见解在古代士人中并不多见。所谓明功罪、原心迹、翻已成之案及不依书法而定臧否等，都是对《史编抄断》史学思想价值的肯定。此外李光缙还对《史编抄断》在文献编纂学方面的价值给予了必要的揭示和肯定，认为本书行文详略得当，并且敢于突破编年体例。

---

① ［明］李光缙：《史编抄断·序》，第5～6页。
② ［明］林云程：《史编抄断》，明万历刻本，卷2，第7～8页。

　　作为稀见且有内涵的文献，《史编抄断》在今天仍然具有重要的价值：其一，本书目前仅有兰州大学图书馆藏本，除李光缙《景璧集》收录其书序外，其他典籍迄未见有明文记载，甚至"专记一代著述"的《明史·艺文志》也未曾著录。本书是否只有万历刻本，目前尚难确知，但传本的稀少也许意味着本书仅有万历刻本一种，而且刷印数量有限，流传更属稀少。这样的稀见古籍，无疑具有较高的文献价值和史料价值，它不仅是研究林云程著述和史学思想的珍贵文本材料，而且为中国历史文献学特别是明代史学的研究提供了一份全新资料。其二，《史编抄断》版本、书法俱佳，序言书法尤为整饬，加之书中颇多异体、简体字，又有部分讹字、古字和讳字等特殊字形，因此在版本学方面也具有较高的研究价值。其三，《史编抄断》内容以人物为主，可读性强，适用性广，且篇幅较为适中，观点也颇可借鉴。诚如李光缙所言，这是一部"有功于后学"的优秀作品，"使寡闻尠见之士读之，可以开其固陋；使博学洽闻之士读之，益以发其聪明"①。即使在今天看来，依然具有较高的文化传承价值。

　　当然，《史编抄断》不论在思想观点方面，还是在史料剪裁等方面，都存在一定的不足。就思想观点而论，书中不少评论带有明显的时代烙印，特别是作者在封建史观的影响下，往往无法正确总结历史发生的真正原因，于是只能归因于上天，许多地方都是这样推论史事发生的原因。比如书中将商鞅不得善终的原因归结于上天："惨刻骄横如鞅，而得侥幸免，岂谓有天耶？"②在评价李勣时也用了近乎　样的表述："勣一言丧邦，欲以自保，身没之后，而家族卒灭，宁非天耶？"③另外书中

---

① ［明］李光缙：《史编抄断·序》，第6～7页．
② ［明］林云程：《史编抄断》，卷1，第5页。
③ ［明］林云程：《史编抄断》，卷3，第6页。

对部分历史人物的评价也有失公允，比如对王安石、司马光的抑扬褒贬就颇趋于极端①。再就史料剪裁而论，书中也每有失当之处。比如"荆轲"一条虽以"荆轲"二字命题，内容却综述多名刺客事迹，其中叙述荆轲的文字远不及聂政、侯嬴详备②。此外，书中部分段落及条目内容对既有文献的抄录似嫌过甚。类似于这样的处理显然有欠妥当。

中华书局喜获九项中国出版集团出版奖

2015 年 11 月，第七届中国出版集团出版奖公布。此次评选从 2015 年 9 月开始，经过前期质检、初评、复评，最终 85 种出版物分获综合奖、优秀编辑奖、优秀选题奖、优秀"走出去"奖、优秀数字出版奖等奖项。中华书局共获得九项大奖，分别是：《长沙马王堆汉墓简帛集成》《中国古代物质文化》"中华经典古籍知识库"（数字产品）获综合奖；《龙泉司法档案选编（第二辑，一九一二—一九二七）》《全元诗》获优秀编辑奖；《故宫藏美》获优秀选题奖；《唐人选唐诗新编》（增订本）获优秀校对奖；《马未都说收藏》（精装典藏本）获优秀印制奖；《文史知识》获优秀报刊奖。

(清平客)

---

① 〔明〕林云程：《史编抄断》，卷 4，第 19～23 页。
② 〔明〕林云程：《史编抄断》，卷 1，第 5～6 页。

黄人子嗣、死因辨

章 琦

一

　　黄人（慕庵，摩西），籍贯江苏昭文，生于同治五年（1866），卒于民国二年（1913），东吴大学堂国文总教习，近代文学家、小说理论家。代表作为《中国文学史》《小说小话》《普通百科新大词典》等，又主编《小说林》《清文汇》，创作大量诗词，在近代学术史上占有一席之地。自上世纪 80 年代开始，黄人的生平研究逐渐为学界所关注，这对厘清黄人的思想倾向，乃至管窥晚清学术思潮均有一定意义。本文在前人研究的基础上，对黄人的子嗣及死因问题提出个人的看法。

一

　　有关黄人的子嗣情况，东吴大学同事徐允修曾有过明确的表述："子一，女一，均夫人出；螟蛉子一，如夫人所抚育。"[①]此处夫人指胡氏，

---

① 徐允修《东吴六志·志师资》，利苏印书社 1926 年版，第 30 页。

如夫人则不详，胡氏育有一男一女。而今人王永健根据《小诗》判断胡氏应有二男一女。先看黄人《小诗》其七是如何说的：

> 大儿已九龄，椎鲁不解读。人情世故中，却比乃父熟。小儿稍秀颖，娇狞常恋娘。名以黄童名，异日期无双。一女未离襁，人意颇通晓。眉目有灵气，两儿无其好。天下多数人，吾家多一世。劳劳作牛马，从此日有事。一身尚如寄，身后何烦思。婚嫁事便毕，贤愚姑听之。

诗中的二男一女是否均为胡氏所生，无法直接判断。不过《小诗》其一有：

> 八口皆幼稚，一身不公侯。

另其四：

> 抚孤二十年，高堂头已白。

其五：

> 阿姊慧过我，颇识数行书。①

显然，黄人写作此诗时全家八口，但从诗中提及的人物来看，却只

---

① 黄人著，江庆柏、曹培根整理《黄人集》，上海文化出版社 2001 年版，第 169～170 页。

有七口，分别为母亲、姐姐、黄人、胡氏和二男一女。那么还有一人是谁呢？首先排除父亲，因为父亲早在黄人十岁时就亡故了，"抚孤二十年"也同样表明了这点。王永健认为另一人可能是螟蛉子，"但并无其他材料记载。如确领养过螟蛉子，则倒可能包括在一家 8 口之内"，并且另一人也不会是如夫人，因为诗中有"寒月虽独明，独喜无小星"的暗指，所以"写此诗时根本没有什么如夫人"①。

确实只有徐允修一则材料涉及到螟蛉子的情况，但同时没有任何材料证明胡氏生有二男一女。相反，金鹤翔《黄摩西哀辞》亦载其妻"生子女各一"②；黄钧达早期的《黄人摩西传略》也有"年二十二岁，摩西与胡氏结婚。婚后生有一男一女，男的取名肇伯，女的取名文瑾"③；马克锋《南社奇才黄人》也说"黄人与一姓胡女子结成夫妻，后生一子一女"④。另外，没有如夫人的说法似属猜测，"寒月虽独明，独喜无小星"有附会之嫌。王永健《黄摩西年表》在黄人结婚前记载其"秋，宿褚孝女弄陈稚英家"，而又说"从'寒月虽独明，独喜无小星'，可知摩西初到吴门，尚无风流韵事，与陈稚英、程雅侬等人的恋爱还是后来之事，很可能均发生在胡氏逝世之后"，似有抵牾之处⑤。

从目前掌握的材料来看，《小诗》中那避而不提的一人很有可能是如夫人，深受传统观念影响的黄人不会不注意到这点。如另有一螟蛉子的话，则无妨于礼教，不至于只字未提。认为另有螟蛉子的观点首先建立在胡氏生二男一女的理解上，因而缺乏根据。徐允修因与黄人同时且

---

① 王永健《"苏州奇人"黄摩西评传》，苏州大学出版社 2000 年版，第 27 页。
② 《黄人集》，第 367 页。文中摩西妻为"吴氏"，当为音近而讹，因黄人《悼人诗》其八咏内弟胡载香，参见《黄人集》，第 108～109 页。
③ 转引自《"苏州奇人"黄摩西评传》第 4 页注释 1，黄钧达后来发表在朱栋霖、范培松所编《中国雅俗文学研究》（第二三合辑）上的《黄人摩西传略》改为"二男一女"（上海三联书店 2008 年版，第 65 页），应是采用了王永健之说。
④ 黄钧达《黄人生平与研究》，自印本，第 158～159 页。
⑤ 《"苏州奇人"黄摩西评传》，第 3、26 页。

同事，其"一子一女一螟蛉子"的说法当为可信。《小诗》恰恰为螟蛉子的存在提供佐证，黄人次子疑即螟蛉子。

此螟蛉子的来由已经无从考证，但黄人对其喜爱之情实在非比寻常。从诗里可以看出，三子中惟有对次子直呼其名（"名以黄童名"），并有"异日期无双"的殷切期盼；而对于自己的亲生长子肇伯，则以"椎鲁不解读"形容。"肇伯"除表达年长义外，并无深意；黄童则有典故，指代黄香，《后汉书·文苑列传》第七十上云：

> 黄香字文强，江夏安陆人也。年九岁，失母，思慕憔悴，殆不免丧，乡人称其至孝。年十二，太守刘护闻而召之，署门下孝子，甚见爱敬。香家贫，内无仆妾，躬执苦勤，尽心奉养，遂博学经典，究精道术，能文章，京师号曰"天下无双江夏黄童"。

黄香官至尚书令，他"忧公如家"，为政有方：

> 十二年，东平清河奏訞言卿仲辽等，所连及且千人。香科别据奏，全活甚众。每郡国疑罪，辄务求轻科，爱惜人命，每存忧济。又晓习边事，均量军政，皆得事宜。

任地方官时亦勤勉如一，为民谋利：

> 延平元年，迁魏郡太守。郡旧有内外园田，常与人分种，收谷岁数千斛。香曰："田令'商者不农'，《王制》'仕者不耕'，伐冰食禄之人，不与百姓争利。"乃悉以赋人，课令耕种。时被水年饥，乃分奉禄及所得赏赐班赡贫者，于是丰富之家各出义谷，助官禀贷，

荒民获全。①

　　《小诗》作于黄人三十岁时，正值作者为民生疾苦奔走呼号的时期。其时黄人已担任县衙书吏，并补廪膳生，又往来于苏州、常熟，兴办学堂，实行教育救国，以应对日趋动荡的政治局势。"江夏黄童"的才学及政绩，给黄人以极大的鼓舞。以"黄童"为子命名，寄托了其父无限的希望与美好的祝愿。事实上，黄香墓址即在今之常熟，"十六入泮，有神童之誉"②的黄人从小就以这位东汉文人自比，其《百字令·怀秦侍瀛鸿文师》有：

　　　　德邻仙眷，记抠衣初谒，黄香年纪。即席拈题成四韵，道是聪明前世。从此荃才，收归药笼，载酒玄亭里。放言狂论，听之无不生喜。
　　　　天性嫉俗如仇，怜才若命，摇笔风雷起。知己师恩都未报，毕世怀惭无已。马帐萧然，陆庄荒矣，负尽春风意。书香能继，蔗根偿菜根味。③

　　黄人在词中把自己比作黄香，把秦鸿文比作东汉马融和南宋陆九渊，既是怀念恩师，更是抒发己志。推己及人，黄人在《悼人诗》中也将陈钧堂比作黄童："出匣干将射眼光，黄童姓字噪虞阳。得公加膝争推重，放我扬眉不厌狂。刍豆十年消马骨，文章满地殉鱼肠。春风桃李私恩小，有泪还滂召伯棠。"黄香已成为黄人积极用世的精神力量。

---

① 范晔《后汉书》，中华书局1965年版，第2613～2615页。
② 《系吴六志·志师资》，第29页。
③ 《黄人集》，第246～247页。

二

王文濡曰："慕庵人奇、文奇，而死亦奇。"[1]黄人的死因有繁简两类版本：

第一类，不知何故，发狂而死。秦琪《摩西遗诗序》"惜坎壈不遇，死于狂疾"；金鹤翀《黄慕庵家传》仅"忽患狂疾"（抄本作"病作"）；金天羽《苏州五奇人传》"一日，慕庵忽发狂易疾，歌泣无常"；庞树柏《哭黄摩西先生即题其遗稿》"患狂疾，歌哭无恒"[2]。

第二类，详细到发狂的细节和成因。萧蜕《黄摩西遗稿序》把足疾和狂易并举："一日出门乘火车，到车站，而两足忽蹇，大哭而回。……笑詈无恒，数月而卒"[3]；在徐允修《东吴六志》中，足疾就成了狂易的前兆，另对"猛撞怒突"铁栏铁网等记载颇详，但徐本人也说"此中情状，当时外人全未之悉，事后传出"[4]，这一道听途说的细节也被载入郑逸梅《南社丛谈》。且徐《志》载黄人死于老家，而黄钧达《黄人摩西传略》言死于疯人院[5]，故细节等可信度不高。

有学者提出"遗传说"。王永健根据《小诗》中摩西的姐姐"中道病狂易"，认为摩西的狂易与此有生理学上的关联。

徐允修所言摩西之"吊脚病"[6]症状颇类脊髓灰质炎，但此类炎症患者多为小儿，故摩西"中岁，足不良于行"[7]由该病毒引起的可能性

---

① 《黄人集》，第366页。
② 《黄人集》，第359、366、371、374页。
③ 《黄人集》，第358页。
④ 《东吴六志·志师资》，第30页。
⑤ 徐允修《东吴六志》记载"先数日，院中见其有垂危之状，通知家属领回，即经买舟伴送而返，到家仅越一宿，维时年未五十"，见《志师资》，第30页。王永健所引的《黄人摩西传略》有"摩西于1913年农历九月十六日戌时故于齐门疯人院"之句，见《"苏州奇人"黄摩西评传》，第15页注释3。而笔者所见《黄人生平与研究》中的《黄人摩西传略》则无此句，也不言死于何处；又《中国雅俗文学研究》中的《黄人摩西传略》只笼统地说"在家乡去世"，参见《中国雅俗文学研究》（第二一三合辑），第68页。
⑥ 《东吴六志·志师资》，第29页。
⑦ 金天羽《苏州五奇人传》《天放楼诗文集》，第893页。

不大。徐《志》言"自下而上延至脑筋",即病毒转移,在前提未确定的情况下可能性更小。另外,《小诗》中除姐姐中年病狂外,并无其他家人患有精神疾病的记载,故摩西发狂在遗传学上缺乏充足证据。

又,黄人精于医道,钱仲联在《近百年诗坛点将录》和《近百年词坛点将录》均言其"自诗词小说以及名学法律医药内典道籍,莫不穷究"[①],对于足疾等情况,想必黄人会加以控制,当不至于任其发展蔓延。例如其《金缕曲·得古香催归书》之小序曰:"予之病亦已多矣……予不幸而病,幸而能自知其病,未始非生机焉。"[②]"幸而能知其病"的黄人,在临终前两年出版的《普通百科新大词典》中备列"生理学"641条、"卫生学"41条、"病理学"403条、"药物学"306条,却未涉及"吊脚病",不得不令人怀疑传闻的真实性。郑逸梅也诧异"黄摩西谙岐黄术,晚年两足忽蹇,不能自医"[③]。黄人曾孙黄钧达家藏黄人编定之《药笼》一卷。看来生理病变并非主要原因。

黄人"发狂"很大程度上由外因引起。从萧《序》中可以看出,其时正值孙中山逊位,袁世凯独裁,这对于一生追求社会进步的黄人来说(组织三千剑气文社、写诗《怀太炎狱中即和其赠邹容韵》、《挽唐才常》、加入南社等),实在是一个巨大的打击。黄人在"上救国策不见行,侘傺无聊"[④]后,彻底熄灭了对政府当局的幻想。徐允修言"时已秋至,(黄人)身仅单衣,一若有何愤懑抑郁者"[⑤]。愤懑而无法排遣,以至于在外人看来几欲发狂、"死亦奇",故对死因记载含混不一,甚至把足疾也

---

① 钱仲联《梦苕庵论集》,中华书局1993年版,第367、396页。
② 《黄人集》,第131页。
③ 郑逸梅《艺林散叶》,中华书局1982年版,第21页。
④ 金鹤翔《黄摩西哀辞》,《黄人集》,第366页。
⑤ 《东吴六志·志师资》,第30页。

牵扯上去。而黄人发狂的主要表现是"平生珍藏书籍,手自撕毁"[①]、"以家藏钱牧斋《有学集》精本拭秽"[②]。黄人平生对钱谦益这位常熟同乡颇为景仰,没有囿于狭隘的贰臣观念,而是依据其人其文作出客观评价。"盖蒙叟才大而识暗,志锐而守馁,故愈巧而愈拙",人无完人,瑕不掩瑜,"吾录蒙叟之文,乃得以尽知蒙叟之为人"、"其文乃雄奇变化,随其一生之历史而自为风气,领袖两朝,要无愧色"[③]。黄人不仅为国学扶轮社 1909 年铅印本《钱牧斋文钞》作序,还在编纂《清文汇》时"仿牧斋《明代诗选》例,分甲乙丙丁为五集。遗民入甲前集,顺康雍三朝入甲集,乾嘉两朝入乙集,道咸两朝入丙集,同光两朝入丁集"[④]。但是在社会大动荡的背景下,作为一介书生,既无补于时局,又无法继续学术,于是连钱谦益也失去了作为精神支柱的意义。《有学集》是钱谦益入清以后的诗文集,保存了大量南明史料,又在一些诗歌、信札、寿序、墓志中体现出反清思想和对现状的悔恨心情。而黄人所处的时代,似比明季"天崩地解"有过之而无不及,钱谦益的动摇在某种程度上使黄人心有戚戚。或许撕书是一个文人对社会前景绝望的最后反抗。

金鹤翔《黄摩西哀辞》有:"癸丑三月,予复客宁,词未寄而予弟书至,云:'慕庵得心疾。'"[⑤]此说切中肯綮。国势式微,学术从何谈起?南社社友苏曼殊的一则轶事或可与黄人互为参照:

> 曼殊死,刘半农有一记述:"记得两年前,我与他相见,同在

---

① 《黄慕庵家传》,《黄人集》,第 366 页。
② 《黄人集》,第 373 页。
③ 黄人《钱牧斋文钞序》,《黄人集》,第 293 页。
④ 沈粹芬、黄人《清文汇》例言,北京出版社 1996 年版,第 1 页。
⑤ 《黄人集》,第 366 页。

上海一位朋友家里。那时候，室中点着盏暗暗的石油灯，我两人靠着窗口，各自坐了张低低的软椅，我与他谈论西洋的诗，谈了多时，他并不开口，只是慢慢的吸雪茄。到末了，他忽然高声说：'半农！这个时候，你还讲什么诗，求什么学问。'"[1]

苏曼殊 1918 年去世，两年前的 1916 年，也与黄人当时（1913）有着同样的历史语境。

（上接第 103 页）

然而由于沿袭者多，创新者少，致使仍然存在不少错误和脱漏，因此，此图也颇值得重视，具有一定的学术意义。

当然，作为一部学术著作，缺点和不足是难以避免的。比如还存在校对方面的问题，有些建筑没有涉及，这主要是由于资料缺乏之故，加之大明宫考古至今仍没有全面铺开。相信随着考古事业的发展，更多新资料的涌现，这些都是可以弥补的。

（《大明宫研究》，陕西师范大学史学丛书，杜文玉著，中国社会科学出版社 2015 年 9 月，80 元）

---

[1]　郑逸梅《南社丛谈》，上海人民出版社 1981 年版，第 296 页。

琴曲《悲秋》的主题

严晓星

《悲秋》是晚明才出现的琴曲，首见于潞藩朱常淓纂集的《古音正宗》（明崇祯七年，1634），再见于清初程雄选订的《松风阁琴谱》《松风阁琴瑟谱》（均约清康熙十六至二十二年间，1677～1683），都是徵音十段的中等曲操。三谱比勘，确能看出是同一首作品，但程氏二本大同小异，与朱本则差异较大。朱本未标明曲目来源，程氏二本则注为"郑正叔谱"。考虑到郑正叔即明末人，大概可以推测，朱本所收当系《悲秋》的早期版本，而程氏二本则又经过了郑氏本人的改订，是后期之本。

明末之前，有一首载于《西麓堂琴谱》的《宋玉悲秋》流传于世，与《悲秋》别是一谱。不过，中国文人对秋天过分敏感，滋味尝尽，衍为"集体无意识"，一提到秋天，感受反而模式化了。比如朱本《悲秋》虽无解题，题下却有小字注云："又曰《秋闺》。"看似描绘闺阁之思，可别忘了，文人又有"代妇人立言"的传统，伤美人之迟暮，叹才士之不用，频道切换，圆转自如。与《宋玉悲秋》好像由一而二，由二而一，息息相通。程氏二本，此曲皆有小跋，分别是：

先生伤周道之日夷，瞻中原之多故，漆室之叹，寄言于秋怨。诽而不乱，泽畔之行吟，曲江之兴感矣。此篇作于万历末年，得传者尠。余与晋明梓以公之，俾世想见其人云。庚寅夏武功识。

音寄于秋，怨而不乱，泽畔之吟，曲江之兴，可为妙绝。程松涛评。

程松涛即程雄，评语概述前一节文字，迹近"打酱油"，可弃而不论。前节阐释的主题是，世道不好，作者心有余而力不足，只能将情怀、牢骚，都付与这一片秋色了。比之"秋闺"，看上去境界高出不知凡几，实则还是不甘心碌碌无为，宋玉之所悲，不正在此么？这里又用了屈原行吟泽畔的典故，显示出向宋玉靠近的解读轨迹。

然而，这首《悲秋》，却有另一种完全不同的解释。

崇祯元年（1628），后来的史家、诗人查继佐（1601～1676）年方廿八，"好尚颇杂，凡殊能绝技之士，无不游于先生之门"，而郑正叔"与先生交最善"。查继佐从之学琴。从两人经常"互相发难"，讨论琴学来看，他们似乎是以平辈论交，年岁相差也不至太大（《查东山先生年谱》）。顺治十六年（1659），查氏门人辑成《东山外纪》二卷，内有一则云：

正叔自言，思母而作《悲秋》，会情尽半操，不能益一弹，从此更怨慕。偶江行，见水轮级不舍，喟然曰："吾知所以思我母矣！"应指为毕。操盖无文，徒有声也。

这一节文字，至少涉及两个问题，首先是《悲秋》的著作权归属。通常所谓"某某某谱"是此人所传之意，可能是他的创作，也可能是他的改编作品，还可能是他学得的独门秘曲，从全部著作权、部分著作权，毫无著作权而仅有所有权，皆可概括在内。从前引"此篇作于万历末年"一句，大概可以推测可能是郑正叔的个人创作，再经《东山外纪》印证，则可确凿无疑。此曲流传出去也比较早，到崇祯七年被潞藩刊刻出来，大约也就十五六年左右的光景。更重要的是，郑正叔交代了《悲秋》实系"思母而作"，且后半曲之谱成，有赖于江波水纹连绵不断给他的灵感。也就是说，主题与闺怨、感世等等毫无关联。

那么，既存异说，何者更为可信？

《松风阁琴谱》小跋写于庚寅，当为顺治七年（1650），从"梓以公之，俾世想见其人"一句，可知此时郑正叔已然辞世。作跋者"武功"，或即郑氏的弟子祖无功。《年谱》注引查氏《敬修堂文集》（原书未检得，疑已佚）云：

> （郑正叔）与武原祖无功游。从学弟子得其传者，惟祖氏为精。其删定诸谱并乐论诸书，无梓本，藏祖氏。

今所传郑氏遗谱有清初写本两种，一为其再传弟子陆辂的《臣卉堂琴谱》，一为《韵谷汇谱》与《友声社琴谱》，俱已收入《琴曲集成》第十一册。查阜西先生鉴定，《友声社琴谱》无疑与郑正叔有关，《韵谷汇谱》的序跋"很像是郑方（按即郑正叔）所题"（《查阜西琴学文萃》第603页）。其实据《年谱》注引查氏《敬修堂文集》，"韵谷"乃郑氏别号。《韵谷汇谱》与《友声社琴谱》，恐怕就是祖无功旧藏的郑氏"删定诸谱并乐论诸书"之遗。因此，祖无功堪称衣钵弟子了。若"武功"果真是他，且能说出创作时间，他的话应该可信。

但《东山外纪》亦非能轻易否定之作。它成书虽略晚于庚寅，而所记皆为查氏门人的亲历亲闻，且当时查氏本人尚在，内容也当得到了他的认可。因此，书中所记关于《悲秋》的自述，当是查氏亲闻于郑氏者。考虑到他们两人早年的亲密程度，那段话查氏恐怕是没法向壁虚构出来的，而"武功"则多用典故，不够具体，更像是在写自己的体会。不知读者以为然否？因此，二者之间，我更倾向于《东山外纪》。

琴曲中表达对母亲思慕之情的作品寥寥，很想听听这首《悲秋》是什么样的曲调。但既然不会打谱，也只能止步于想象了。

附记：文中参考的《查东山先生年谱》与《东山外纪》，均来自《查继佐年谱 查慎行年谱》（沈起、陈敬璋撰，中华书局，1992 年 7 月）。书大约买于高考前后，恐怕还是因为金庸而对他这两位祖先发生了兴趣，但也只是泛泛而览，虚掷一角已有二十多年。今天无意间检出，如对故人，而竟能启我新知，欣喜可知。查继佐尝弹琴二十馀年，畜"自然"之琴，制《玉璩缘》之弄，是从前完全忽略的。只可惜这首《玉璩缘》没能流传下来。查阜西先生尝有心编一部"散佚琴曲目"，未知已注意及之否？

翻检中发现了一些白圭之玷，列之如次，以期改善：一、第二三页，谱文将郑正叔误为"郑方叔"，因注文已及，可不改，但注文引查继佐文"郑方字正林"，"林"、"叔"二字草书形近，显系因此致误，则当改之；二、文中所引《东山外纪》系自行标点，第八一页原作："正叔自言，思母而作《悲秋》，会情尽，半操不能益一弹。从此更怨慕。偶江行，见水轮级不舍，喟然曰：'吾知所以思我母矣！'应指为毕操。盖无文徒有声也。"三、第八一页，谓查氏弹"自然"琴"历二十馀年，弃之入越。归时盗攫去，不知处。自是情荒，遂绝响"，查氏越人也，入越何必特言之，故此处的"越"恐是"粤"字之音近而误，第二三页引之同误。

《东林党人榜》颁示日期献疑

赵承中

　　《东林党人榜》之颁示日期，清陈鼎《东林列传》卷前《逆珰魏忠贤东林党人榜》题下双行小注有载，云：

　　　　天启五年（1625）十二月乙亥朔，颁示天下[1]。

　　《明史》则云：

　　　　（天启五年）十二月乙酉，榜"东林党人"姓名，颁示天下[2]。

十二月"乙亥"日为初一日，"乙酉"日为十一日，两书年月相同，而日期相异。

---

① 清陈鼎辑《东林列传》卷前，美国哈佛大学汉和图书馆藏清康熙辛卯铁肩书屋刻本，页 1a。
② 《明史》卷 22《熹宗本纪》，北京：中华书局 1974 年 4 月版，第 2 册，页 297。

2015·书品 第四辑 | 125

同书《卢承钦传》又云：

> （卢）承钦，余姚人。由中书舍人擢御史，首劾罢户部侍郎孙居相等，因言："东林自顾宪成、李三才、赵南星而外，如王图、高攀龙等谓之副帅，曹于汴、汤兆京、史记事、魏大忠、袁化中谓之先锋，丁元荐、沈正宗、李朴、贺烺谓之敢死军人，孙丕扬、邹元标谓之土木魔神。请以党人姓名、罪状榜示海内。"（魏）忠贤大喜，敕所司刊籍，凡党人已罪未罪者，悉编名其中①。

按《明史》，此榜是因御史卢承钦之疏请，再于天启五年十二月十一日"颁示天下"的，中间尚待有关衙门之编集刊印，两者之间必有一定间隔。然而，《明熹宗实录》却将卢承钦奏本之批红下发日期置于天启五年十二月十一日，即颁示《东林党人榜》之同一日；且奏疏内容亦与《明史》大相径庭，云：

> （乙酉），江西道御史卢承钦言："近日邪党复炽，皆调停为害。幸皇上英明立断，奸臣斯脱，而犹有故容不尽之虞。如大理寺卿曹珍狃主讲席，献媚东林；工部右侍郎董应举侵挠盐政；兵科给事中李遇知插身门户。乞重加斥削，仍敕下部院，将一切党人姓名、罪状，榜示海内，使其躲闪无地，倒翻无期。"得旨："奸党宜清，调停当戒。这本说的是曹珍狃主邪盟，董应举侵挠盐政，李遇知荐举匪类，献媚东林，都着削籍为民当差，仍追夺诰命。其一切党人，不拘曾否处分，俱着该部院会同九卿科道，从公查确，集

---

① 《明史》卷306《阉党·卢承钦传》，第26册，页7859。

议奏请，将姓名、罪状，节次明旨，刊刻成书，榜示海内，垂鉴将来，以永保清明之治。"①

原题"工部都水清吏司郎中升云南府知府未任奉恩诏致仕臣徐肇台据邸报编次"②之《甲乙纪政录》仅有此疏之朱批，云：

> 同日（十四日），御史卢承钦一本《直陈今日之急务事》，奉圣旨："奸党宜清，调停当戒。这本说的是曹珍狃主邪盟，董应举侵挠盐政，李遇知荐举匪类，献媚东林，都着削了籍为民当差，仍追夺诰命。其一切党人，不拘曾否处分，俱着该部院会同九卿科道，从公查确集奏，将姓名、罪状，节次明旨，刊刻成书，榜示海内，垂鉴将来，以永保清平之德。该部知道。"③

其言与《明熹宗实录》略同，而却迟了三天。此或为发于邸报之期。

明蔡士顺辑《傃庵野抄》所标日期更晚，为"十二月十七日"，云：

> 御史卢承钦疏："职请举东林之局势罄言之，自顾宪成、李三才、赵南星巨魁而外，其间力量不同，流派各别，拥华膴之势，参帷幄之权如王图、孙慎行、高攀龙等，谓之副帅；有恃笔舌之末，骋剽击之勇，如曹于汴、汤兆京、史记事、魏大忠、袁化中等，谓之前锋，有声名既玷，撒泼无赖，如木颠狗吃，遇物标噬，而奸党辄收之，使先犯大难之端，如李朴、贺烺、沈正宗、丁元荐等，

---

① 《明熹宗实录》卷六十六《天启五年十二月》，台湾：台湾中央研究院历史语言研究所 1962 年影印，页 3131。
② 明徐肇台辑《甲乙纪政录》，美国哈佛大学汉和图书馆藏抄本，页 1a。
③ 明徐肇台辑《甲乙纪政录》，页 75a。

谓之敢死军人。有一种人，初负强直之誉，晚濡沉酗之首，受人拥戴，而随所嵌弄，耳目既已无主，心志亦复不灵，如孙丕扬、邹元标者，谓之土木魔神。之数臣者，或身已退矣，而不严锢其退，无以杜进者之隙；或人已死矣，而不追论其死，无以褫生者之魄。圣鉴精明，如果职言不谬，勅下部院，将一切党人姓名、罪状，榜示海内，使其躲闪无地，倒翻无期。而得太阶永固，盛治无虞。"[①]

明文震孟序此集曰："吾友蔡孝来，能以居外之观，秉三代之直，汇诸疏略，题曰《野抄》，犁为十卷"[②]云云。仅言"汇诸疏略"，而未及于"诸疏略"之来源。故对其所据，不敢妄加猜测。

如上所见，从卢承钦疏请，到颁示《东林党人榜》之间，须经批疏降敕，"部院会同九卿科道，从公查确集奏"，"刊刻成书"诸多程序。若以《明熹宗实录》为准，卢承钦之疏于天启五年十二月乙酉日奉旨施行，则颁示《东林党人榜》之期，决不可能是"十二月乙酉"，更不可能是"十二月乙亥"。反之，若《东林党人榜》颁示之期确为"十二月乙酉"，或"十二月乙亥"，则《明熹宗实录》《甲乙纪政录》《傫庵野抄》所载卢承钦本之批红下发时间尽皆有误。

至于卢承钦奏本之内容虽异，但其中均有将"党人姓名、罪状榜示海内"之语，所奉圣旨中亦均有"其一切党人，不拘曾否处分，俱着该部院会同九卿科道，从公查确集奏，将姓名、罪状，节次明旨，刊刻成书，榜示海内，垂鉴将来"等语，据此可以断定，此实是同一奏本，而造成如此差异之原因，盖在于各书所载皆为节略之本，而非全文。

① 明卢承钦《刻党人碑疏》，明蔡士顺辑《傫庵野抄》卷五《乙丑年》，《四库禁毁书丛刊》史部第69册，北京：北京出版社1997～1999年据明崇祯刻本影印，页481～482。
② 明蔡士顺辑《同时尚论录》卷10《序、记》，《北京图书馆古籍珍本丛刊》第120册《集部·总集类》，北京：书目文献出版社2000年7月据明崇祯刻本影印，页684。

书 苑 撷 英

《北宋中央日常政务运行研究》

周佳著，"浙江大学古籍研究所中国古典文献学研究丛书"，中华书局 2015 年 11 月出版，58 元。

本书以北宋中央日常政务处理方式的变化为中心，以北宋君臣共同参与、常见且关键的政务活动，即听政、奏对、集议、文书为线索，观察这一时期皇权行使方式的变化、中央权力格局的调整与士大夫政治演进的具体表现。其中，对北宋听政活动的历时性考察，对北宋君主御集、官员集议、制度性奏对活动、上殿札子、阁门位置与议政空间移动、御集编纂等具体问题的考订与研究，在一定程度上弥补了目前学界相关领域研究的不足。

本书研究认为，北宋长时期承平状态下政务运行的特点是，在保持整体制度结构不变前提下，对政务决策与运行进行临时或局部的调整以应对突发事件。不少政务领域变化或通过不断重复而逐渐巩固；或限于临时、局部；或数次反复。在此过程中，某些新因素、新做法会有所选择地保留，在此后逐渐影响到一些具体的政治观念和做法，进而在一定程度上参与塑造了北宋乃至其后南宋政治史的整体面貌。通过调整政务运行方式，北宋君主逐渐从禁中走向外朝政务前台，其政治角色逐渐从"天子"这一国家领袖，扩展为政府行政首脑。能够通过奏对或文书形式与君主进行直接政务沟通的官员群体范围拓展。但总体而言，当时君主、宰相、官僚群体三方，仍然维持着稳定的政务合作关系。换言之，宋代的君主"集权"与中枢宰相机构和士大夫政治共同存在而且相互牵制。

在结语部分，本书并没有试图通过数条具有普遍性的结论来对北宋政治史作面面俱到的铺陈论述，而是结合各章研究，对北宋日常政务的整体特点与各阶段变化趋势予以切实总结，并尽可能发掘政务活动背后存在的各种政治意图与现实可能性，有助于对这一时期政治整体氛围、具体走势、关键环节等不同层面问题的理解与把握。

（徐真真）